劳动人事争议案例选编

桂 生 主编

中国民航出版社

图书在版编目（CIP）数据

劳动人事争议案例选编/桂生 主编. —北京：中国
民航出版社，2012 .1

ISBN 978-7-5128-0061-8

Ⅰ.①劳…　Ⅱ.①桂…　Ⅲ.①劳动争议-仲裁-案例-
汇编-中国　Ⅳ.①D922 .591.5

中国版本图书馆 CIP 数据核字(2012)第 007810 号

责任编辑：刘庆胜　　武建英

劳动人事争议案例选编
桂 生　主编

出版	中国民航出版社
地址	北京市朝阳区光熙门北里甲 31 号楼（100028）
印刷	北京汇力通印刷有限公司
发行	中国民航出版社（010）64297307　64290477
开本	850×1168　1/32
印张	7.375
字数	140 千字
版本	2012 年 2 月第 1 版　2012 年 2 月第 1 次印刷

书号	ISBN 978-7-5128-0061-8
定价	35 .00 元

编　委　会

前　言

　　劳动关系是最基本的社会经济关系。劳动人事争议调解仲裁工作,是调整劳动关系、维护劳动者和用人单位双方合法权益的重要手段,关系到劳动关系的和谐和经济社会的健康发展。

　　近年来,随着劳动和社会保障法律体系的不断健全和完善,劳动者和用人单位学法、懂法、守法和运用法律维护自身合法权益的意识明显增强,有力地促进了劳动关系的和谐。

　　但我们还应该看到,目前我国劳动力供大于求矛盾长期存在、农村富余劳动力转移就业加速、经济和产业结构调整中失业矛盾突显,"三峰叠加"的就业问题仍很突出;社会保障制度在公平性、流动性和可持续性方面都还处在改革过程中;劳动报酬在初次分配中的比重仍然较低,地区之间、部门之间、行业之间不合理的工资收入差距仍然较大;劳动关系协调机制、纠纷调解机制和监察执法机制有待进一步完善;有利于优秀人才脱颖而出的评价、使用、激励等机制也还需要进一步健全;《公务员法》配套法规制度尚在完善之中,事业单位用人机制转换还不到位,等等,所有这些都可能成为引发劳动人事争议的诱因。

　　另外,我国经济体制、社会结构、利益格局的深刻变革和调整,带来了思想观念的深刻变化,人们思想活动的独立性、选择性、多变性、差异性不断增强,社会思想日趋多元、多样、多变,对知情权、参与权、表达权、监督权的诉求也越来越强烈,社会思想舆论环境更加复杂。北京作为特大型城市和经济较发达地区,就业人群大,中小企业与外来务工者多。目前,全市有近800万流动人口,110多万个非公经济组织,3万多个新社会组织,"两新"组织吸纳的就业人员约占全市就业人员的75%。随着经济结构加速转型,第三产业占比越来越重,现代服务业得到了进一步发展。这些领域和产业中,企业组织形式多种多样,就业与用工形式日益多样化,劳动关系复杂多变,发生劳动人事争议的几率大大增加。

在这样的背景下,用更加灵活、更加具体、更加吸引人的方式方法,让广大群众,特别是用人单位的管理人员和职工认真学习和掌握《劳动法》、《劳动合同法》、《劳动争议调解仲裁法》、《社会保险法》等劳动和社会保障法律的基本内容,了解与劳动争议相关的政策知识,准确把握法规政策的精神实质和条文内涵,就显得尤为重要。

为适应当前形势要求,满足广大劳动者和用人单位需求,我们编辑了这册《劳动人事争议案例选编》,供大家借鉴、参考。本书所集案例,全部是近年来北京市劳动人事争议调解仲裁工作中发生的真实事例,案例的提供与撰写者多是本市各级劳动人事争议调解仲裁部门的工作人员,有着丰富的劳动人事争议调处工作实践经验。

体现时代性、把握规律性,采取多种形式,用事实说话、用典型说话、用案例说话,这是增强法制宣传吸引力、感染力和实际效果的最佳途径。希望本书的出版能对广大读者有所帮助和启发。同时,对参与本书编撰的全体人员表示感谢。

编　者
2011 年 12 月

目　录

第一部分　订立续订合同

第三部分　劳动关系

第四部分　工资报酬

第五部分　社会保险

第六部分　　人事争议

第七部分　　其　他

第一部分　订立续订合同

建立劳动关系应当及时订立书面劳动合同

【基本案情】

魏某是一中年妇女,被某房地产公司录用,月薪为3500元。魏某自入职后,人事部门曾多次找她,希望与她订立书面劳动合同,她总是找各种理由搪塞,看到魏某工作还算努力,某房地产公司也就没有多想,让她继续在公司工作。魏某在某房地产公司工作届满一年时,突然到劳动争议仲裁委员会提出仲裁申请,要求某房地产公司支付自入职期满一个月后未订立劳动合同的双倍工资,并订立无固定期限的劳动合同。某房地产公司认为:公司的人力资源部门曾多次找到魏某要求与她订立劳动合同是魏某一直在搪塞公司,所以双方才没能订立书面的劳动合同,不签订劳动合同的责任完全在魏某,所以不同意她的申请请求。

【审理结果】

某房地产公司支付魏某未订立书面劳动合同的双倍工资差额,一共十一个月的工资;双方订立无固定期限的劳动合同。

【案件分析】

劳动合同属于要式合同,法律规定必须采用书面形式,为了防止用人单位规避法律规定的义务,不与劳动者订立书面劳动合同,我国《劳动合同法》要求用人单位必须与劳动者订立书面劳动合同,并要求用人单位,应当自用工之日起一个月内订立书面劳动合同。

《劳动合同法实施条例》第六条规定,用人单位自用工之日起超过一个月不满一年未与劳动者订立书面劳动合同的,应当依照《劳动合同法》第八十二条的规定向劳动者每月支付两倍的工资,已满一年的视为双方订立了无固定期限的劳动合同,并与劳动者补订书面劳动合同;劳动者不与用人单位订立书面劳动合同的,用人单位应当书面通知劳动者终止劳动关系,并依照劳动合同法第四十七条的规定支付经济补偿。

在本案中某房地产公司认为是由于魏某的原因导致双方没有订立劳动合同,在庭审中某房地产公司还拿出其他员工的劳动合同佐证已经与公司的其他员工都订立了书面的劳动合同。但是某房地产公司的理由没有被仲裁庭接受。《劳动合同法》第八十二条第一款规定:用人单位自用工之日起超过一个月不满一年未与劳动者订立书面劳动合同的,应当向劳动者每月支付二倍的工资。第二款规定:用人单位违反本法规定不与劳动者订立无固定期限劳动合同的,自应当订立无固定期限劳动合同之日起向劳动者每月支付二倍的工资。对比这两款的规定,我们不难看出,第一款的规定,法律用语是"未与",而第二款规定的是"不与"。在第一款法律强调的是只要是没有和劳动者签订劳动合同的,不管是谁的原因,用人单位都要向劳动者支付未签订劳动合同的双倍工资,而第二款才强调如果是劳动者的原因没有和用人单位签订无固定期限的劳动合同,用人单位可以不支付未订立无固定期限的劳动合同的双倍工资。在本案中由于双方没有订立劳动合同的时间已经满一年,所以某房地产公司还应当与魏某补签无固定期限的劳动合同。

【建议】

此案中,某房地产公司的教训是深刻的,由于没有正确理解法律的含义,导致了败诉的结果。但是这种错误的理解在现在的用人单位中具有普遍性,在很多的类似案件中,都会有用人单位把劳动者拒不签订劳动合同作为抗辩理由,殊不知,这种理由根本不被法律所认可。建议用人单位认真学习劳动合同的法律法规。

劳动者应如实告知用人单位与
劳动合同相关的情况

【基本案情】

司某于 2008 年 3 月应聘到某港资公司,自报 1974 年 12 月 7 日出生,北京某大学毕业,在 A 公司担任过人力资源部经理。司某长得年轻,在看到司某的履历后,某港资公司很快就录用了她,并担任了该公司的人力资源部副总监。后某港资公司查明其真实情况,原来司某的身份证是伪造的,她的真实年龄是 1966 年 12 月 7 日。北京某大学有关部门出具的证明表明,司某所持的该学校的文凭为伪造。到司某原就职的 A 公司调查发现,司某虽然确曾在该公司工作过,但是却不是担任所谓的人力资源部经理,而仅只是担任 A 公司人力资源部的一名普通文员。了解事实真相以后,某港资公司认为与司某订立的劳动合同是在公司受欺诈的情况下签订的,作出了双方的劳动合同属于无效合同的决定,要求司某立即离职。司某不同意某港资公司的决定,于是到劳动争议仲裁委员会申请仲裁,要求继续履行劳动合同。

【审理结果】

劳动争议仲裁委员会确认双方的劳动合同为无效合

同,驳回司某的仲裁请求。

【案件分析】

司某伪造学历、户籍证明和工作经历的行为,明显属于欺诈,她使某港资公司作出了错误的判断,并签订了劳动合同,根据《劳动合同法》第二十六条第一款第(一)项的规定:以欺诈、胁迫的手段或者乘人之危,使对方在违背真实意思的情况下订立或者变更劳动合同的属于无效合同。司某是造成劳动合同无效的始作俑者,故驳回了司某的申请请求。

【建议】

《劳动合同法》第八条规定,用人单位招用劳动者时,应当如实告知劳动者工作内容、工作条件、工作地点、职业危害、安全生产状况、劳动报酬,以及劳动者要求了解的其他情况;用人单位有权了解劳动者与劳动合同直接相关的基本情况,劳动者应当如实说明。可见劳动者在应聘时如实告知自己的基本情况既是法律的要求,也是诚信的表现。虚构自己的学历、工作简历虽然可能一时骗得了别人,但是一旦暴露就会落得个害人害己的下场。

另外,对无效劳动合同的确认权属于劳动争议仲裁委员会和人民法院。无效劳动合同并不是自上述机构确认之日起才无效的,而是自双方订立劳动合同之日起就没有法律效力。

用人单位违法约定试用期
应给职工支付赔偿

【基本案情】

卢某于 2008 年 8 月大学毕业后被一家公司录用,并签订了劳动合同,约定劳动合同的期限是一年,自 2008 年 8 月 1 日至 2009 年 7 月 31 日,其中试用期是三个月,自 2008 年 8 月 1 日至 10 月 31 日,试用期内卢某的月薪是 2000 元,试用期满后月薪是 2500 元。2009 年 7 月 1 日公司通知卢某双方的劳动合同到期将终止,合同到期后公司支付了卢某一个月工资的经济补偿金。卢某认为与公司订立的劳动合同中双方约定的试用期限应为两个月,而实际签订的试用期为三个月,超过了法定的标准,于是到劳动争议仲裁委员会提出仲裁申请,要求公司支付违法约定试用期的赔偿金 2500 元。

【审理结果】

公司支付卢某违法约定试用期的赔偿金 2500 元。

【案件分析】

本案中公司与卢某约定的试用期是违法的,根据《劳动合同法》第十九条的规定,劳动合同期限三个月以上不满一年的,试用期不得超过一个月;劳动合同期限一年以上不满三年的,试用期不得超过二个月;三年以上固定期限和无固定期限的劳动合同,试用期不得超过六个月。本案中双方约定的劳动合同的期限是一年,按照法律的规定,双方可以约定试用期的最长期限应该是两个月,而公司却与卢某约定了三个月的试用期,比法定的标准多了一个月,依照《劳动合同法》第八十三条的规定,用人单位违反本法规定与劳动者约定试用期的,由劳动行政部门责令改正;违法约定的试用期已经履行的,由用人单位以劳动者试用期满月工资为标准,按已经履行的超过法定试用期的期间向劳动者支付赔偿金。由于双方约定卢某试用期满后的月薪是 2500 元,所以公司应当依照《劳动合同法》的规定,按照试用期满后的工资标准,再支付一遍超过法定试用期期限的月份的工资,即 2500 元。

【建议】

在劳动合同中约定试用期,是为了劳动合同双方可以在试用期内进一步了解,以决定是否继续履行劳动合同。在《劳动合同法》中规定了不同期限的劳动合同可以约定长短不同的试用期,主要是为了防止用人单位利用在签订劳动合同时的强势地位,延长试用期的时间,侵害劳动者的合法权益。而作为用人单位特别是用人单位的领导者应该认真学习法律,不可随意而为,在约定试用期的期限时应当依法进行,否则就会得不偿失,除了按照劳动合同的约定支付工资外,还要依照法律规定支付违法约定试用期的赔偿金。

人力资源管理人员未签订劳动合同应承担不履职责任

【基本案情】

张某于 2008 年 8 月 25 日入职某汽车销售服务公司，双方签订了自 2008 年 8 月 25 日至 2009 年 8 月 24 日的劳动合同，合同约定张某的岗位为行政部经理，工作职责主要包括负责公司员工劳动合同的签订、员工考勤的审核及公司制度的完善等。张某在某汽车销售服务公司担任行政部经理直至 2010 年 8 月 25 日，当天张某以个人发展需要为由向某汽车销售服务公司提出辞职。张某于 2010 年 8 月 20 日向劳动争议仲裁委员会提出仲裁申请，要求某汽车销售服务公司支付他 2009 年 8 月 25 日至 2010 年 8 月 20 期间未续签劳动合同的双倍工资差额 47300 元。

某汽车销售服务公司辩称：公司在接到仲裁通知后，审查了张某的《劳动合同书》，发现 2009 年 8 月 24 日劳动合同到期后确未续签，但未续签劳动合同的责任不在公司。张某作为公司行政部经理，与员工签订劳动合同属于其职责范围，而其本人劳动合同到期后未及时续签，显然存在失职之责，且有故意之嫌。因此公司不同意支付张某未续签劳动合同的双倍工资。

【审理结果】

驳回张某要求某汽车销售服务公司支付未续签劳动合同双倍工资差额的请求。

【案件评析】

在用人单位中负责劳动合同签订的行政部门员工自己未签订劳动合同的法律责任应该如何认定？

本案中，张某的劳动合同到期后未及时续签，其在某汽车销售服务公司行政部经理岗位上继续工作一年，并在辞职前提出劳动仲裁，要求某汽车销售服务公司支付未续签劳动合同期间的双倍工资差额。这就存在未续签劳动合同的责任认定问题。某汽车销售服务公司在张某入职时即与其签订了为期一年的劳动合同，而张某实际在该公司行政部经理岗位上工作了两年，与员工签订劳动合同属于张某的工作职责之一，同时张某未提交证据证明该公司不同意与其续签劳动合同。由此推断某汽车销售服务公司并不存在不与张某续签劳动合同的主观故意，未续签劳动合同的责任应在张某。张某在其劳动合同到期后本应履行工作职责，完成劳动合同的续签工作，但张某并未完成。因此张某要求支付未续签劳动合同期间双倍工资差额的请求，不应得到支持。

劳动争议仲裁委员会在处理用人单位与人力资源管理部门职工之间有关未签订劳动合同双倍工资争议案时，发现主要存在两种情形：一种是劳动合同到期后未及时续签的情形；另一种是职工主张工作期间用人单位始终未与其签订劳动合同,而用人单位则主张职工利用职务之便将劳动合同私自拿走的情形。

《劳动合同法》第十条规定:建立劳动关系,应当订立书面劳动合同。已建立劳动关系,未同时订立书面劳动合同的,应当自用工之日起一个月内订立书面劳动合同。用人单位与劳动者在用工之前订立劳动合同的,劳动关系自用工之日起建立。第八十二条规定:用人单位自用工之日起超过一个月不满一年未与劳动者订立书面劳动合同的,应当向劳动者每月支付二倍的工资。用人单位违反本法规定不与劳动者订立无固定期限劳动合同的,自应当订立无固定期限劳动合同之日起向劳动者每月支付二倍的工资。用人单位在用工时,应依法与劳动者订立书面劳动合同,否则职工可依法要求支付双倍工资。关于用人单位中的人力资源管理部门职工劳动合同的签订问题,用人单位更应重视。既要及时签订劳动合同,切实保护该部门职工的利益;同时也要加强有效监管,防患于未然,避免此类争议的发生。

用人单位只签订试用期合同
意味丧失试用期的相关权益

【基本案情】

王某于 2009 年 8 月 25 日到某广告公司工作,任合同审核员。双方于 2009 年 8 月 25 日签订《试用期员工聘用协议书》,其中约定试用协议期限为自 2009 年 8 月 25 日起至 2009 年 10 月 24 日止。《试用期员工聘用协议书》未约定劳动合同期限,也未约定月工资标准。2009 年 10 月 7 日,某广告公司以试用期不符合录用条件为由与王某解除劳动合同。王某到劳动争议仲裁委员会申请劳动仲裁,要求:

1. 裁决某广告公司支付 2009 年 8 月 25 日至 10 月 7 日期间的工资差额 4000 元;

2. 某广告公司支付经济补偿金 2 个月工资 8000 元。

某广告公司主张双方处于试用期,其解除劳动合同不需支付经济补偿金。关于王某的工资标准,王某称双方约定月工资标准为 4000 元,某广告公司称双方约定的是转正后月工资 3000 元,试用期间发放 80%。王某未提交证明其工资标准为每月 4000 元的证据。某广告公司按 2400 元的月工资标准支付了王某 2009 年 8 月 25 日至 10 月 7

日的工资及加班工资。

【审理结果】

某广告公司支付王某实发月工资 2400 元与应发月工资 3000 元之间的工资差额、按 3000 元月工资标准支付王某解除劳动关系经济补偿金 1500 元、驳回王某的其他申请请求。

【案件评析】

1. 双方签订的《试用期员工聘用协议书》中约定的试用期是否成立。《劳动合同法》第十九条第四款规定:试用期包含在劳动合同期限内。劳动合同仅约定试用期的,试用期不成立,该期限为劳动合同期限。《试用期员工聘用协议书》只约定了试用期期限,而未约定劳动合同期限,根据上述规定,《试用期员工聘用协议书》中约定的试用期不成立,该协议书应视为期限为两个月的劳动合同。故某广告公司称在试用期解除王某劳动合同并不支付经济补偿金的主张,不能得到劳动争议仲裁委员会的支持。

另外,针对试用期的期限,《劳动合同法》第十九条第一款规定:劳动合同期限三个月以上不满一年的,试用期不得超过一个月;劳动合同期限一年以上不满三年的,试用期不得超过二个月;三年以上固定期限和无固定期限的劳动合同,试用期不得超过六个月。如果用人单位与劳动者约定的试用期限超出法定期限,超出部分应按劳动合同期限处理。

2. 王某的月工资标准如何确定。由于本案中双方签订的协议书未明确约定月工资数额,只能通过其他证据认定王某的月工资标准。劳动者的工资支付记录由用人单位保管,故用人单位对工资支付记录负有举证责任。现某广告公司实际按月工资 2400 元支付王某工作期间的工资,与某广告公司所称试用期发放 3000 元月工资标准 80% 的主张相吻合,而且王某无法拿出证明其月工资标准为 4000 元的证据。综上,劳动争议仲裁委员会最终采信了某广告公司的主张,认定王某的月工资标准应为 3000 元。但是由于某广告公司称双方处于试用期的观点未被劳动争议仲裁委员会采信,故某广告公司应按 3000 元月工资标准支付王某试用期工资,因此最终裁决某广告公司支付按 3000 元标准补足王某的工资差额。

本案的处理结果说明,依法订立完备的书面劳动合同,有利于保障劳动者和用人单位双方的合法权益。

"维持或者提高劳动合同条件"要从有利劳动者一方考虑

【基本案情】

王某于 2006 年 4 月入职某医疗科技公司,担任客户服务部担当课长,双方最后一次签订劳动合同的期限为 2008 年 1 月 1 日至 2010 年 12 月 31 日,其中关于工作部门、岗位及工作地点等约定:乙方(王某)的工作岗位为客服部担当课长,工作地点为北京,甲方(某医疗科技公司)根据业务的需要或者乙方的工作能力,可以调整乙方的工作内容及工作岗位,乙方对甲方进行的调整有异议时,可以以书面方式提出自己的意见,但在乙方的意见不被采纳的情况下或者在乙方提出意见之前,乙方应服从甲方的工作安排。

2010 年 11 月底,某医疗科技公司提出与王某续订劳动合同并向王某提供了拟续订的劳动合同文本,其中关于工作部门、工作地点分别载明:乙方的岗位为学术技术部担当课长,乙方工作地点为北京,乙方同意在合同期内可以接受转入或被派往甲方在国内的分公司、办事处以及其他与甲方有投资关系的公司;乙方理解并承诺:愿意服从甲方根据其经营需要、乙方的工作能力及其表现而安排或调整乙方的工作内容及工作地点等,乙方对甲方进行的调整有异议时,应在 30 日内以书面方式提出异议,但在乙方的意见不被甲方采纳的情况下或者在乙方提出意见前,乙方应服从甲方的岗位安排。

王某认为新的劳动合同文本中关于工作部门及工作地点的约定与原劳动合同不一致,且对其个人利益造成影响,因此不同意签订该合同。后双方经协商未能达成一致,王某于 2010 年 11 月 30 日书面通知某医疗科技公司不再续签劳动合同。

某医疗科技公司主张两合同相比未有实质变化,理由为:1.王某原所在的客户服务部已被合并到学术技术部,合并之后王某的工作内容不发生变化;2.虽然就工作地点约定了公司单方调整的权利,但实质王某的工作地点始终在北京,不会发生变化,且公司已明确口头告知王某变更工作地点必然征得其本人同意,否则不会调整。

王某对某医疗科技公司所持两部门合并的主张表示认可,但否认曾被告知变更工作地点会征得其本人同意,并认为即便是双方有口头约定,一旦出现了争议也可能会以书面约定为准,从而使自己的工作地点仍处在不确定的状态。

王某离职前十二个月平均工资为 6640 元。

【审理结果】

某医疗科技公司支付王某终止劳动合同经济补偿金19920 元。

【案件评析】

《劳动合同法》第四十六条第(五)项规定,除用人单位维持或者提高劳动合同约定条件续订劳动合同,劳动者不同意续订的情形外,劳动合同期满终止的,用人单位应向劳动者支付经济补偿。实践中,用人单位对"维持或者提高劳动合同约定条件续订劳动合同"的理解,应注重以下几个方面:

一、上述条款的立法本意在于,在用人单位不存在违反法律规定、不变更劳动合同内容或者是提高原劳动合同约定条件,即劳动合同相应条款内容发生变化,但变化后的结果对劳动者一方有利,在这种情况下,因劳动者自身原因导致劳动合同不能续签的,用人单位无需支付经济补偿。

二、在签订、续签劳动合同的过程中,作为劳动合同文本的拟定者、提供者以及签订劳动合同的组织者一方,用人单位应首先确保其提供的劳动合同文本全部内容均符合《劳动合同法》等相关法律规定。

根据《劳动合同法》第十七条、第三十五条规定,工作内容、工作地点作为劳动合同的必备条款,其变更劳动合同须经用人单位与劳动者协商一致,否则用人单位无权单方变更。就本案而言,某医疗科技公司向王某提供的劳动合同文本中,先后将对工作内容、工作地点的调整约定为用人单位的单方权利,未严格、准确体现协商一致的原则,与上述法律规定的要求相悖,因此,某医疗科技公司仍应依法支付王某终止劳动合同经济补偿金 19920 元(6640×3)。

劳动者拒不签订劳动合同企业
应及时终止劳动关系

【基本案情】

张某于 2005 年 5 月 23 日进入某物业管理公司担任保安工作，未签订劳动合同。《劳动合同法》实施后，某物业管理公司于 2008 年 3 月 26 日与张某签订了劳动合同。2008 年 11 月 26 日张某以个人原因为由提出辞职，并于 2009 年 3 月 5 日提出劳动仲裁申请。要求某物业管理公司：

1.支付 2008 年 2 月 1 日至 3 月 26 日未签订劳动合同的双倍工资；

2.支付 2007 年 3 月至 2008 年 11 月期间休息日加班 40 天的加班工资；

3.支付解除劳动合同的经济补偿金。

某物业管理公司辩称：公司于 2008 年 2 月 1 日前曾集中组织保安员工到人力资源部签订劳动合同，并就此发出通告。张某无故拖延，直至 3 月 26 日才到人力资源部签订了劳动合同。而涉及的其他保安员工都在 2008 年 2 月 1 日前签订了劳动合同。故未签订劳动合同的责任在张某，因此张某无权获得两倍工资。某物业管理公司主张，张某属单方提出解除劳动合同,无需支付经济补偿金。某物业管理公司当庭确认张某存在 40 天休息日加班未支付加班工资,并同意支付这部分加班工资。

【审理结果】

劳动争议仲裁委员会认为:某物业管理公司在 2008 年 2 月 1 日至 2008 年 3 月 26 日期间没有与张某签订劳动合同,其应该承担支付双倍工资的法律责任,结合《劳动合同法》第八十二条第一、二款的规定,我们了解一下该条的立法原意,第一款为:用人单位自用工之日起超过一个月不满一年未与劳动者订立书面劳动合同的,应当向劳动者每月支付二倍的工资。这里使用了一个词是"未与",未与的意思就是不管是否是劳动者的原因,用人单位只要没有和劳动者签订劳动合同,就要支付劳动者未订立劳动合同的双倍工资。而第二款为:用人单位违反本法规定不与劳动者订立无固定期限劳动合同的,自应当订立无固定期限劳动合同之日起向劳动者每月支付二倍的工资。用的是"不与",在这款中才涉及到是否是劳动者自己的原因,导致双方不能订立无固定期限劳动合同。所以,某物业管理公司应向张某支付 2008 年 2 月 1 日至 2008 年 3 月 26 日期间双倍工资的差额。2007 年 3 月至 2008 年 11 月期间,张某公休日加班 40 天,某物业管理公司同意支付,劳动争议仲裁委员会不持异议。张某离职的原因系个人原因,故其要求支付解除劳动合同经济补偿金的申请请求于法无据,劳动争议仲裁委员会不予支持。

【案件评析】

一、2008 年 1 月 1 日后,用人单位未与劳动者签订劳动合同,应承担向劳动者支付双倍工资的赔偿责任。

《劳动合同法》于 2008 年 1 月 1 日正式实施,该法第十条规定:建立劳动关系,应当订立书面劳动合同。已建立劳动关系,未同时订立书面劳动合同的,应当自用工之日起一个月内订立书面劳动合同。本条是《劳动合同法》对用人单位与劳动者签订书面劳动合同的时限规定,即签订书面劳动合同的时限至迟不得超过自用人单位用工之日起的一个月,如果超过这个实现,用人单位就应当承担相应的法律责任。对此,在《劳动合同法》实施之前的法律规定仅限于劳动保障行政部门对用人单位的行政处罚,在仲裁程序中并无明文的法律规定可使用人单位承担相应的法律责任,因此,在《劳动合同法》实施以前,用人单位不与劳动者签订书面劳动合同的现象普遍存在。《劳动合同法》的出台,加大了用人单位不与劳动者及时签订劳动合同要承担的法律责任,明显缓解了用人单位不与劳动者签订劳动合同的现实问题。本案中某物业管理公司正是违反了《劳动合同法》的第八十二条第一款的规定,劳动争议仲裁委员会才依法裁决其向张某支付双倍工资的赔偿。

二、因劳动者原因导致未能及时签订劳动合同,用人单位可在一定时间内与劳动者终止劳动关系。

《劳动合同法》的实施,解决了用人单位不及时与劳动者签订书面劳动合同的问题,但劳动合同的签订是用人单位和劳动者双方的合意,在实际执行中,又出现了因劳动者个人原因,故意拖延与用人单位签订劳动合同的情况,以达到获得双倍工资的目的。为此 2009 年 8 月 1 日实施的《劳动合同法实施条例》对因劳动者原因不签订劳动合同的情况作出了明确规定,《劳动合同法实施条例》第五条规定:自用工之日起一个月内,经用人单位书面通知后,劳动者不与用人单位订立书面劳动合同的,用人单位应当书面通知劳动者终止劳动关系,无需向劳动者支付经济补偿,但是应当依法向劳动者支付其实际工作时间的劳动报酬。

第六条第一款规定:用人单位自用工之日起超过一个月不满一年未与劳动者订立书面劳动合同的,应当依照劳动合同法第八十二条的规定向劳动者每月支付两倍的工资,并与劳动者补订书面劳动合同;劳动者不与用人单位订立书面劳动合同的,用人单位应当书面通知劳动者终止劳动关系,并依照《劳动合同法》第四十七条的规定支付经济补偿。

第七条规定:用人单位自用工之日起满一年未与劳动者订立书面劳动合同的,自用工之日起满一个月的次日至满一年的前一日应当依照《劳动合同法》第八十二条的规定向劳动者每月支付两倍的工资,并视为自用工之日起满一年的当日已经与劳动者订立无固定期限劳动合同,应当立即与劳动者补订书面劳动合同。

根据上述规定,对于不与用人单位签订劳动合同的劳动者,《劳动合同法实施条例》给予用人单位在两个时间段内可以对劳动者终止劳动关系的权利,即用工之日起一个月内和自用工之日起超过一个月不满一年,在这两个时间段内,经用人单位书面通知后,劳动者不与用人单位订立劳动合同的,用人单位可以与劳动者终止劳动关系。而区别在于超过一个月后,用人单位还需承担支付未签订劳动合同期间的双倍工资和终止劳动关系的经济补偿金。但如果自用工之日起满一年双方仍未签订书面劳动合同的,即使是劳动者的原因造成的,用人单位也无权终止劳动关系,并且法律还将视为双方自用工之日起订立无固定期限劳动合同。

《劳动合同法实施条例》之所以这样规定,主要在于用人单位仍然是劳动合同订立的主导一方,如果确为劳动者不签订劳动合同的,用人单位应在规定时间内及时终止劳动关系。规定这个时限,也是为了督促用人单位及时履行管理职权,加强劳动合同管理,避免无劳动合同事实劳动关系的长期存在。而这个时限规定为一年对用人单位来讲已是绰绰有余。

【建议】

用人单位为避免承担支付双倍工资赔偿金的责任,应做到在用工之日起一个月内及时与劳动者签订劳动合同,如果劳动者不签订劳动合同,用人单位也应及时终止劳动关系,避免用人单位承担相应法律责任。如出现超过一个月仍未签订的情况,用人单位应立即与劳动者签订书面劳动合同,如劳动者不签订劳动合同,应及时终止劳动关系,避免增加用人单位承担赔偿金的损失,并且要把握避免超过一年的时限,否则用人单位除面临需要向劳动者支付双倍工资赔偿金的情形外;还存在面临要与劳动者签订无固定期限劳动合同的情形。

劳动者在本单位工作满 10 年的应当签订无固定期限劳动合同

【基本案情】

王某,女,45 岁,于 1998 年到 A 公司工作,自 2008 年起双方的劳动合同一年一签,最后一次劳动合同于 2010 年 12 月到期,当时王某已在 A 公司连续工作满 12 年,A 公司告知王某仍续签一年期的劳动合同,王某要求与 A 公司签订无固定期限劳动合同,A 公司不同意,王某觉得其合法正当的劳动权益受到侵害,向劳动争议仲裁委员会申请仲裁,要求签订无固定期限劳动合同。

【审理结果】

A 公司自裁决生效之日起十日内,与王某签订无固定期限劳动合同。

【案件评析】

近年来,劳动合同短期化问题严重,很多用人单位利用自己的强势地位,通过签订短期合同规避一些职责。在现实中,用人单位与劳动者一年一签合同的情况较为普遍,甚至有的一年要签多次,劳动者在用人单位的工作缺乏安全感、归属感和稳定感,使得劳动关系不稳定,在整个劳动关系的存续期间很难和谐。

　　为了建立和谐的劳动关系,《劳动合同法》鼓励用人单位与劳动者签订无固定期限劳动合同。无固定期限劳动合同是指用人单位与劳动者约定无终止时间的劳动合同。这项制度能够引导用人单位与劳动者建立较稳定长期的劳动关系,保证劳动者职业稳定,保证用人单位用人规划的连续性,是一项双赢的法律制度。从劳动者的角度而言,用人单位与劳动者签订无固定期限劳动合同,将会使劳动者产生较强的归属感,劳动者不需要担心自己的"黄金年龄段"结束之后被用人单位辞退。使得劳动者将心思都花在如何提高自己的专业技能,如何为用人单位更好地工作、创收,以期使自己有更大的收益。对用人单位来说,有一群稳定的、享有较高专业技能的劳动者愿意为之连续工作,这对它来说无疑是存续及发展的最大力量,对用人单位而言应该是极其有利的。从全社会角度看,无固定期限劳动合同制度的建立和完善还具有保障社会政治经济秩序良好运行的价值。通过规范劳动者和用人单位的权利和义务,保护劳动者的合法权益,充分发挥劳动者的主观能动性,提高用人单位的劳动生产率和经济效益,减少纠纷,维护社会政治经济秩序的稳定。

　　《劳动合同法》第十四条明确提出了可以签订无固定期限劳动合同的情形:即用人单位与劳动者协商一致,可以订立无固定期限劳动合同。同时也规定了用人单位必须与劳动者签订无固定期限劳动合同的情形,即:(一)劳动者在该用人单位连续工作满十年的;(二)用人单位初次实行劳动合同制度或者国有企业改制重新订立劳动合同时,劳动者在该用人单位连续工作满十年且距法定退休年龄不足十年的;(三)连续订立二次固定期限劳动合同,且劳动者无本法第三十九条和第四十条第一项、第二项规定的情形,续订劳动合同的。

以上三种情形,如果劳动者要求与用人单位签订无固定期限劳动合同的,用人单位就只能与之订立,没有任何余地。如果劳动者在某用人单位工作满一年,但这家用人单位一直没有与劳动者签订书面劳动合同的,就视为两者之间已经订立了无固定期限劳动合同。

本案中,王某在 A 公司工作已满 12 年,其提出要求签订无固定期限的劳动合同,符合《劳动合同法》第十四条第二款第(二)项的规定,A 公司应与其签订。

应当指出的是,对劳动者而言,即便是和用人单位签订了无固定期限劳动合同,也不等于握住了一个铁饭碗,如果在用人单位里不好好工作,存在严重违反用人单位规章制度、严重失职、营私舞弊等法律规定的情况,劳动合同都有可能被解除,也有可能被终止。劳动者应该明白,如果遇到法律规定的劳动合同可以解除的条件,或者可以裁员的状况下,即便是无固定期限的劳动合同也和固定期限劳动合同一样需要解除就得解除,需要裁员就得裁员,无固定期限劳动合同绝不意味着"永久员工",更不是"铁饭碗"。从解除的法定条件上看,用人单位解除无固定期限劳动合同与解除固定期限的劳动合同并无本质区别。

确认劳动关系明确补签
劳动合同的法律后果

【基本案情】

宋某与某出版社于 2009 年 6 月 9 日签订了自 2008 年 8 月 1 日起至 2010 年 7 月 31 日终止的劳动合同,该劳动合同约定宋某的入职时间为 2008 年 8 月 1 日,月工资组成包括基本工资 800 元、岗位工资 1000 元以及绩效类工资。某出版社以稿酬名义向宋某支付了 2008 年 12 月份工资 800 元、2009 年 2 月至 4 月份工资 800 元/月、2009 年 5 月份工资 800 元、2009 年 6 月份工资 500 元,宋某于 2010 年 5 月 25 日以某出版社拖欠其劳动报酬为由,向某出版社寄送了解除劳动合同通知书。宋某于 2010 年 7 月向劳动争议仲裁委员会提出申请,请求:

1.某出版社支付 2008 年 7 月 28 日至 2010 年 5 月 25 日期间解除劳动合同经济补偿金 5200 元;

2.某出版社支付 2008 年 8 月至 2009 年 7 月拖欠工资 21600 元另加拖欠工资 25% 经济补偿金 5400 元;

3.某出版社支付 2008 年 9 月 1 日至 2009 年 6 月 9 日期间未签订劳动合同双倍工资 36000 元。

某出版社辩称:1.宋某要求支付解除劳动合同经济补

偿金于法无据。我单位与宋某签订劳动合同后,依法为其缴纳了各种社保,并按时支付其工资,不存在违法违规的情况。宋某没有提前30天提出书面解除劳动合同的申请,违反《劳动合同法》及双方劳动合同的约定;

2.宋某要求支付拖欠2008年8月至2009年7月工资以及经济补偿金,没有事实依据和法律依据。2008年8月1日至2009年6月9日期间,双方是劳务关系,宋某经第三方推荐到我单位实习,并没有为我单位提供劳动,我单位也没有要求其遵守我单位的规章制度,也不要求其按时到我单位上班。因此双方之间不存在劳动关系。双方在此期间事实上是劳务关系。在2009年6月9日双方签订劳动合同时,将宋某到我单位的实习日期记载为劳动合同的实际日期,这并非是客观事实,并不能以此认定之前存在劳动关系;

3.宋某提出的未签劳动合同期间双倍工资没有依据。实习期间是劳务关系,不存在双倍工资问题。上述期间劳务费已支付,不存在拖欠问题。并且该请求已过仲裁时效。

【审理结果】

1.某出版社向宋某支付2008年8月至2008年11月、2009年1月和2009年7月的拖欠工资10800元、2008年12月和2009年2月至6月的拖欠工资差额6300元及拖欠上述工资25%的经济补偿金4275元;

2.某出版社向宋某支付2008年8月1日至2010年5

月 25 日期间解除劳动合同经济补偿金 2770.5 元;

3.驳回宋某的其他仲裁请求。

【案件评析】

一、劳动关系与劳务关系的认定。宋某与某出版社于 2009 年 6 月 9 日签订了自 2008 年 8 月 1 日起至 2010 年 7 月 31 日终止的劳动合同。某出版社称 2008 年 8 月 1 日至 2009 年 6 月 8 日,双方系平等民事主体之间的劳务关系,不属劳动争议仲裁委员会的受理范围,且已向宋某支付过劳务费。但某出版社未能就双方系劳务关系举证说明,故其将承担不利后果。实践中,用人单位做劳务关系辩护的,实际上已认可了劳动者曾在其处工作,因此,案件的举证责任由劳动者对劳动关系负担基本举证责任转移到了用人单位对劳务关系负担举证责任,用人单位未能举证的,将承担不利后果。本案中,2008 年 8 月 1 日至 2009 年 6 月 8 日期间,双方已经以书面劳动合同的形式确认了该期间系劳动关系,故应当认定双方系劳动关系,该期间某出版社支付的所谓"稿酬"在性质上应属劳动者的工资报酬。

二、补签劳动合同的法律后果。宋某与某出版社签订的劳动合同中,劳动合同的起始时间追溯到了 2008 年 8 月 1 日,而劳动合同签订日期为 2009 年 6 月 9 日。双方签订的劳动合同属补签。宋某主张由于劳动合同系补签,2008 年 8 月 1 日至 2009 年 6 月 9 日期间双方并不存在劳动合同,因此某出版社应当依法支付此期间的双倍工资。而某出版社在庭审中主张双方签订的劳动合同期限是自宋某入职之日起计算的,故应当认定双方已签订劳动合同,无需支付未签劳动合同双倍工资。劳动争议仲裁委员会认为:如果补签劳动合同的行为系双方真实意思表示,不存在欺诈、胁迫等违法情形,补签的劳动合同将用工期限追溯到了用工之日,可以视为劳动者已自愿放弃索要双倍工资的权利。本案中,宋某并不能证明在补签劳动合同时,某出版社存在欺诈、胁迫等违法行为,故劳动争议仲裁委员会认定补签的劳动合同系双方真实意思表示,系合法有效的劳动合同。此后宋某再以用工日期与签订合同日期不一致为由要求双倍工资差额,有违诚实信用原则,不能得到劳动争议仲裁委员会的支持。

用人单位安排劳动者停薪留职应当依法发放基本生活费

【基本案情】

2006年9月11日,张某到某能源技术公司工作,双方签订了书面劳动合同,合同约定张某在某能源技术公司担任机械设计项目工程师,月工资6000元。2007年12月11日张某与某能源技术公司又续签了劳动合同,约定合同期限到2008年12月10日。2008年12月10日前,某能源技术公司既没有通知张某合同到期终止劳动合同,也没有再与张某签订新的劳动合同。

2008年12月15日某能源技术公司突然召集员工开会,以受金融危机影响为由安排职工放长假,并在会后发了《停薪留职安排通知》,通知称:受金融危机影响,公司项目进展缓慢,各项目的融资近期不能及时到位,公司资金极度紧张,鉴于上述情况,经公司领导和员工研究共同决定,除少数留守人员外,自2008年12月15日起各部门员工暂实行停薪留职安排,长假结束日即复职,日期以公司另行通知为准。

通知发出后,某能源技术公司让每名员工都在通知上签了字,在加盖公司公章后复印给每人一份。张某也在通知书上签了字,并领到了一张加盖公司公章的复印件。但此后在长达 4 个月的时间内,某能源技术公司既没有通知张某复职,也没有向张某发放任何生活费用。然而,在张某向某能源技术公司主张支付生活费时,某能源技术公司以劳动合同到 2008 年 12 月 10 日自然终止为由,主张已经终止了与张某的劳动合同,也不再向其支付任何生活费用。张某不服,遂向劳动争议仲裁委员会申请仲裁,要求某能源技术公司支付生活费并续签书面劳动合同。

【审理结果】

经过调查了解,劳动争议仲裁委员会依法支持了张某的仲裁请求,裁决某能源技术公司支付张某停薪留职期间的生活费,并续签劳动合同。

【案件评析】

《北京市劳动合同规定》第四十条规定:劳动合同期限届满前,用人单位应当提前 30 日将终止或者续订劳动合同意向以书面形式通知劳动者,经协商办理终止或者续订劳动合同手续。本案中,某能源技术公司既没有提前 30 日通知张某续订或者终止劳动合同,也没有办理终止劳动合同手续,而且在劳动合同到期后,还向张某下发了《停薪留职安排通知》等,应视为劳动合同续延。

《北京市劳动合同规定》第四十五条第一款也规定:劳动合同期限届满,因用人单位的原因未办理终止劳动合同手续,劳动者与用人单位仍存在劳动关系的,视为续延劳动合同,用人单位应当与劳动者续订劳动合同。因此,本案中张某向某能源技术公司提出签订书面劳动合同并无不妥。《北京市工资支付规定》第二十七条规定：用人单位没有安排劳动者工作的，应当按照不低于本市最低工资标准的70%支付劳动者基本生活费。

本案中，因为某能源技术公司的原因安排员工停薪留职，应当按照相关规章的规定向张某支付相应的基本生活费，所以张某向劳动争议仲裁委员会提出仲裁申请，要求某能源技术公司支付停薪留职期间的生活费的请求符合规章的规定，应当予以支持。

【建议】

劳动关系双方当事人应当严格按照劳动合同的约定，履行各自的义务。作为用人单位的某能源技术公司，在所属员工的劳动合同到期前应当按照规章规定的时限，将终止或续签劳动合同的意向，提前通知员工，并保留通知记录，以备后查。对于需要终止的，应当及时办理终止劳动合同相关手续；对于需要续用的，应当及时续签新的劳动合同。作为劳动者应当及时向用人单位主张权利，避免因时间拖延过长，而损害自身的合法权益。

员工入职同意书不能等同于劳动合同

【基本案情】

2008年10月,小王到某咨询公司应聘公司法务工作岗位,经过面试之后,小王填写了由某咨询公司准备的员工个人简历,还签订了员工《入职同意书》、《保密协议》、《员工手册》等书面文书,双方口头约定,小王试用期为两个月,试用期间月工资2000元,转正后月工资2500元。由于小王入职以后,某咨询公司一直未与其签订书面劳动合同,2008年12月至2009年2月某咨询公司也未按照约定的工资标准向其支付转正后工资,故小王于2009年8月向某咨询公司提出辞职,并要求某咨询公司向其支付转正后的工资差额共计1500元。

而某咨询公司认为,小王在入职时公司已经与其签订了一系列书面文书,这些书面文书综合构成了书面劳动合同,而且双方签订的是无固定期限劳动合同,所以试用期为六个月,不存在小王所说的工资差额问题。对此,小王不服,于2009年8月14日向劳动争议仲裁委员会申请劳动仲裁,在要求某咨询公司支付转正后工资差额的同时,还提出了未签订劳动合同双倍工资差额22000元的请求。

经调查发现,在小王与某咨询公司签订的《员工入职同意书》中明确载明"本公司新进员工试用期为一个月",

在小王的《离职申请表》中也载明"直到今天公司仍未同我签订劳动合同"等内容,该申请表有公司部门主管和法定代表人的签名和盖章,某咨询公司方面也对该证据材料的真实性表示认可。

【审理结果】

裁决由某咨询公司向小王支付转正后未足额支付的工资,同时支付未签订书面劳动合同双倍差额部分。

【案件评析】

劳动合同是明确劳动者与用人单位双方权利与义务关系的重要文书。为此,《劳动合同法》第十条第一款规定:建立劳动关系,应当订立书面劳动合同;第二款规定:已建立劳动关系,未同时订立书面劳动合同的,应当自用工之日起一个月内订立书面劳动合同。

实践中我们不能把订立劳动合同简单地理解为必须签订标准化、格式的劳动合同文本,且劳动合同还必须载明是劳动合同书,否则就不属于劳动合同。只要是双方订立的协议中包括了诸如劳动报酬、工作岗位、工作内容、工作地休息休假等主要内容的,就可以视为是劳动合同,如果双方未在协议中约定合同的期限,就可以视为双方订立了无固定期限的劳动合同。而本案中,用人单位提供的只有《入职同意书》、《保密协议》和《员工手册》等一系列书面文书,与《劳动合同法》要求劳动合同应具备的内容相去甚远,所以劳动争议仲裁委员会作出了上述裁决。

第二部分　解除终止变更

劳动合同期满用人单位应提前
告知劳动者终止或续订意向

【基本案情】

魏某于 2009 年 9 月 1 日到某物业公司工作,工作岗位为薪酬主管,月工资标准 3500 元。双方签有劳动合同,期限为 2009 年 9 月 1 日至 2010 年 8 月 31 日,其中约定试用期为 2 个月,即 2009 年 9 月 1 日至 2009 年 10 月 31 日。截至 2010 年 8 月 31 日,魏某未收到某物业公司通知其是否续签劳动合同的通知。2010 年 9 月 1 日起,魏某不再到某物业公司上班。后魏某提出仲裁申请,要求:

1. 支付劳动合同到期一个月的经济补偿金 3500 元;

2. 支付某物业公司未于合同到期前 30 天向本人发出是否续签劳动合同通知的赔偿金 3500 元;3. 支付加班工资 2000 元。

某物业公司主张:劳动合同期限届满,用人单位未与劳动者办理是否续签手续的,劳动者与用人单位之间仍存在劳动关系,视为劳动合同的延续。魏某在劳动关系尚且存续的情况下,既没有请假也没有相关的说明便擅自脱离岗位,我单位不应向其支付经济补偿金。

魏某的主要工作职责是根据各部门上报的考勤等记

录核发公司职能部门的月工资及年终奖金。某物业公司提交打卡记录显示魏某存在休息日加班,但同样也有工作日休息,其累计出勤天数少于标准工作时间。魏某承认打卡记录是其日常工作中使用的,但主张打卡机存在质量问题,不能反映其实际出勤情况。但魏某未提交证明其累计存在加班的证据。

【审理结果】

某物业公司支付魏某终止劳动合同经济补偿金 3500 元、未提前通知终止劳动合同的赔偿金 3500 元、驳回魏某的其他仲裁请求。

【案件评析】

一、劳动合同到期后用人单位未通知劳动者是否续签劳动合同而劳动者不再继续上班的责任认定。虽然《劳动合同法》并未对用人单位在劳动合同届满前的通知义务作出规定,但《北京市劳动合同规定》第四十条规定:劳动合同期限届满前,用人单位应当提前 30 日将终止或者续订劳动合同意向以书面形式通知劳动者,经协商办理终止或者续订劳动合同手续。即用人单位在劳动合同终止前通知劳动者是否续签劳动合同是我市地方规章规定的用人单位的义务。本案中某物业公司没有履行上述义务,明显违反了相关规章的规定。在这个前提下,劳动者一方认为劳动合同到期终止而不再继续上班的做法并无不妥,造成双方劳动合同未继续履行的责任应由某物业公司承担。因此劳动争议仲裁委员会支持了魏某要求支付终止劳动合同经济补偿金和未提前通知终止劳动合同的赔偿金的请求。

二、支付加班工资的原则。《劳动法》第四十四条第(二)项规定:休息日安排劳动者工作又不能安排补休的,支付不低于工资的百分之二百的工资报酬。《北京市工资支付规定》第十四条第(二)项也规定:在休息日工作的,应当安排其同等时间的补休,不能安排补休的,按照不低于日或者小时工资基数的200%支付加班工资。即国家法律法规在劳动者休息日加班时原则上是鼓励用人单位首先努力安排补休,其次才是选择支付加班工资的方式。本案中,某物业公司提交的打卡记录能够反映出魏某的休息日加班都已被安排了补休,故没有支持魏某加班工资的请求。

关于魏某称打卡机存在质量问题,不能反映其实际出勤情况的主张。首先,根据举证原则,魏某想反驳某物业公司提交的证据,应提交具有证明力的证据。其次,参照《最高人民法院关于审理劳动争议案件适用法律若干问题的解释(三)》,魏某应对其存在加班的基本事实举证。最后,魏某本身的工作职责就是根据考勤情况核发工资,即使如其主张的打卡机存在问题,其也应对无法如实体现出勤情况承担责任。综合上述因素,劳动争议仲裁委员会没有采信魏某的主张。

【建议】

应该说本案中因用人单位未提前通知是否续签劳动

合同,而劳动者选择不继续上班的做法,在现实中是比较少见的。绝大多数劳动者都会继续保持劳动关系并要求用人单位续签劳动合同。这也就客观上促使用人单位产生惰性,忽略了其应当承担提前三十日书面通知终止或者续订劳动合同意向的法定责任,本案的结果可以说是为用人单位这方面的不规范行为上了生动的一课。

劳动者依法单方解除劳动合同
不可以撤销

【基本案情】

吕某与 A 公司签订了无固定期限劳动合同。2010 年 4 月 16 日,吕某向 A 公司发出一封内容为"由于各种原因,我决定下月 14 日正式离开 A 公司,在这最后的一个月里,我会尽全力交接所有工作,以保证接下来的工作保持顺畅。希望我的离开不会给大家带来不便"的电子邮件。

2010 年 4 月 20 日和 2010 年 5 月 12 日,吕某又分别向 A 公司发电子邮件称"因仍未收到公司任何书面回复,我决定取消辞职申请,继续留职"及"关于 4/16 发出的邮件,是在工作受阻,迫于压力情况下的一个错误选择,4 月 20 日我及时做了正式的书面更正,取消了这个错误邮件(见附件,略)。继续在 A 公司工作是我的真实意思表示,我希望公司也站在为 X 项目考虑的角度,以 4 月 20 日收到的更正邮件为准,继续我们的合作。4 月 20 日的更正邮件发出之后,所谓 5 月 14 日辞职的事情已经不存在了,请公司对此表述予以更正。如果公司有其他要求和建议,请及时沟通"。

2010 年 5 月 14 日,A 公司向吕某发出《办理离职手续通知书》和《离职证明》。吕某收到了上述材料,认为 A 公司为单方解除劳动合同,并于 2010 年 5 月 26 日到劳动争议仲裁委员会提起申请,请求裁决 A 公司继续与其履行劳动合同。

【审理结果】

驳回吕某的仲裁请求。

【案件评析】

双方争议的焦点在于吕某撤回辞职申请的意思表示是否有效。吕某表示其辞职行为已于 A 公司作出答复前撤销,并于 2010 年 5 月 12 日发电子邮件明确表示撤销辞职申请,A 公司于 2010 年 5 月 14 日出具《离职证明》和《办理离职手续通知书》的行为是单方解除劳动合同,应属无效,要求继续履行劳动合同。A 公司则表示吕某于 2010 年 4 月 16 日发出的电子邮件表明其辞职不属于申请,而属于单方通知的行为,其行为属于单方民事法律行为,吕某在辞职通知中表示 5 月 14 日为最后工作日,依据《民法通则》第五十七条的规定:民事法律行为自成立之日起具有法律约束力,吕某非因法律规定不得擅自变更或解除,因此吕某无权撤销其辞职通知,单方解除劳动合同的行为成立,且吕某以 A 公司未答复而撤销辞职通知存在严重的谬误,参照最高人民法院《关于贯彻中华人民共和国民法通则若干问题的意见》第六十六条的规定:只有在法律明确规定的情况下才能以行为人默认的形式表示其意思。吕某的通知以邮寄形式送达不存在答复与否的问题。

通过吕某2010年4月16日向A公司发出的电子邮件中关于"由于各种原因,我决定下月14日正式离开A公司,在这最后的一个月里,我会尽全力交接所有工作,以保证接下来的工作保持顺畅。希望我的离开不会给大家带来不便"的内容可以看出,吕某是依据《劳动合同法》第三十七条作出的单方解除劳动合同的意思表示,并在履行提前三十日书面告知用人单位的法定程序义务,而劳动者依法单方解除劳动合同,无需用人单位的批复作为解除劳动合同的生效要件。因此,吕某的该电子邮件一经发出即发生法律效力,吕某单方解除劳动合同的行为已经成立。A公司为吕某开具离职证明和办理离职手续,是履行用人单位的法定义务,吕某将A公司的上述行为视为用人单位单方违法解除劳动合同并要求继续履行劳动合同的请求,缺乏法律依据,不能得到支持。

员工自动离职行为
不必然导致劳动合同解除

【基本案情】

林某于 2007 年 1 月 1 日入职某销售公司任推销员,每月工资为基本工资加销售提成。销售公司对于员工考勤采取考勤打卡形式,确定员工的每天出勤以及上下班时间。林某因自身的原因于 2009 年 3 月 20 日向某销售公司提出辞职,同时到劳动争议仲裁委员会提出申请,要求某销售公司支付其 2009 年 1 月 1 日至 2009 年 3 月 20 日期间的工资报酬以及拖欠工资 25% 的经济补偿金。

某销售公司答辩称:林某在 2009 年 2 月 20 日已经自动离职了,我公司也已经按林某自动离职进行了处理,且已经结清了自 2009 年 1 月 1 日至 2009 年 2 月 20 日期间的工资报酬。因此,不存在支付林某 2009 年 2 月 21 日至 2009 年 3 月 20 日期间工资的问题,当然也就不应该支付 25% 的经济补偿金。

某销售公司同时提交了林某的考勤打卡记录,考勤记录显示,自 2009 年 2 月 20 日至 2009 年 2 月 28 日林某的考勤均记录的是旷工,此后直至 2009 年 3 月 20 日仍断续存在林某的考勤记录。对此某销售公司的解释是 2009 年 3

月以后的指纹考勤记录是林某进入该公司办理私人事宜私自做的打卡记录，并非是正常的出勤记录。对该公司的主张，林某完全予以否认，坚持在此期间均是正常工作，某销售公司应支付其相应的工资待遇。

【审理结果】

劳动争议仲裁委员会最终支持了林某向某销售公司所要求的其 2009 年 2 月 21 日至 2009 年 3 月 20 日期间工资，及 25% 的经济补偿金的请求。

【案件评析】

本案争议的焦点在于林某的离职时间到底是 2009 年 2 月 20 日还是 2009 年 3 月 20 日。到底该如何认定林某的离职时间呢？某销售公司的意见为什么未被采信呢？原因有二。

第一点，某销售公司主张林某自 2009 年 2 月 20 日起属旷工，因此，视林某自动离职并按自动离职进行了处理。但是庭审调查结果是某销售公司并未作出书面的处理决定，也未能举证证明已告知林某这一处理结果。如果用人单位主张某职工离职，首先应该对职工作出书面的处理决定，另外还应对该职工的离职时间及事由进行举证。显然，某销售公司未能依法履行其应尽的义务。

第二点，虽然某销售公司称林某 2009 年 3 月的考勤是林某进入该公司办理私人事宜时私自做的指纹考勤记录，但是，如果确实如某销售公司主张的已经对林某做了自动离职的处理，该公司怎么仍会存在林某的个人信息呢？

所以,综合上述两点,某销售公司主张林某于 2009 年 2 月 20 日离职的意见没有事实依据。因此,劳动争议仲裁委员会支持林某的申请请求是合法有据的。

用人单位随意解除劳动合同
应认定属于违法行为

【基本案情】

王某于 2008 年 3 月 11 日到某印刷公司工作,岗位为维修工,双方签订了期限至 2009 年 8 月 11 日止的劳动合同,王某月薪为 2300 元。2008 年 11 月 20 日,某印刷公司将王某辞退,王某不服处理结果申请劳动仲裁,要求某印刷公司支付:

1.违法解除劳动合同赔偿金 4600 元;

2.未提前 30 天通知解除劳动合同的一个月工资 2300元;

3.2008 年 3 月 11 日至 2008 年 11 月 20 日延时加班 1506 小时的加班工资 31045 元及双休日加班工资 4398 元。

某印刷公司认为:因王某无视公司制度,经常迟到、早退,殴打员工,严重违反公司劳动纪律和规章制度,故与其解除劳动合同。某印刷公司提交了 2008 年 3 月至 2008 年 11 月的考勤表,并称王某实行综合计算工时工作制,不存在加班事实。

【审理结果】

1.某印刷公司支付王某违法解除劳动合同赔偿金

4600 元；

2. 某印刷公司支付王某休息日加班工资 4397.71 元；延时加班工资 346.98 元；

3. 驳回王某的其他仲裁请求。

【案件评析】

一、特殊工时的适用。王某与某印刷公司签订了书面劳动合同，且约定王某执行综合计算工时工作制，虽然某印刷公司 2008 年 7 月 3 日被准许部分工作岗位实行特殊工时制，但提供的综合计算工时工作制和不定时工作制审批表中没有王某的岗位，故某印刷公司主张王某实行综合计算工时工作制的主张，劳动争议仲裁委员会不予采信。本案中，王某工作期间的工时应按标准工时计算，某印刷公司提供的考勤表中，可显示王某休息日的出勤情况，故某印刷公司应当按王某休息日加班天数支付加班工资。另外，王某提交了工作期间 4 张夜间维修记录，显示累计延时工作 17.5 小时，可证明其存在延时加班的事实，故其主张延时加班工资，某印刷公司应予以支付。

二、违法解除合同应支付赔偿金。某印刷公司未提供公司的规章制度，也未能举证证明王某存在违规的事实，对王某作出的处理决定亦未送达其本人，故某印刷公司以王某违反公司制度为由与其解除劳动合同的决定，属于违法解除劳动合同。《劳动合同法》的颁布实施，加大了对于用人单位违法解除劳动合同的惩戒力度，如果用人单位不能充分有效地证明单方解除劳动合同符合法律规定的解除条件,而且程序合法,则应认定为属于违法解除,劳动者如要求继续履行劳动合同,则可以继续履行,如要求赔偿,则应依照《劳动合同法》第八十七条规定向劳动者支付二倍经济补偿金作为赔偿金。故某印刷公司应支付王某违法解除劳动合同的赔偿金。某印刷公司无故将王某辞退的行为属违反《劳动合同法》规定解除,虽然其未提前三十日通知与王某解除劳动合同,但王某已要求违法解除劳动合同的双倍赔偿金,故其要求因未提前一个月书面通知补发一个月工资的请求没有法律依据,不应予以支持。

用人单位解除劳动合同事实依据不足
应承担赔偿责任

【基本案情】

2007年7月1日,王某入职某通讯公司,任职副总裁,当日双方签订了期限为2007年7月1日至2010年6月30日的劳动合同。劳动合同约定:王某的月工资标准为2.5万元;每月8日前发上月自然月工资;王某的工资构成是基本工资2.5万+奖金。2009年8月25日该公司单方面解除劳动合同,解除的理由是:王某在业务费用报销过程中虚报金额,严重违反了公司的规章制度,根据《劳动合同法》第三十九条第二项的规定,公司解除劳动合同。王某主张某通讯公司单方面解除劳动合同系违法行为,于是向劳动争议仲裁委员会提出仲裁申请:

1.要求撤销某通讯公司于2009年8月25日作出的《解除劳动合同通知书》并继续履行劳动合同;

2.要求支付2009年8月25日至裁决生效之日止的工资及25%的经济补偿金(按每月39975.98元计算);

3.要求支付2009年自然年度内未休年休假的补偿99251元。

对于单方面解除劳动合同的事实依据,某通讯公司提交了费用报销单及报销的原始凭证的粘贴页(即报销原始凭证粘贴在白纸上),但是费用报销单上并无王某本人的签字,而且某通讯公司认可其公司曾对王某提交的报销发票原始凭证部分截取并重新集中粘贴。王某否认某通讯公司提交的费用报销单及报销的原始凭证系其本人当初提供给公司用以报销的票据,并否认该证据的完整性、关联性。

【审理结果】

经劳动争议仲裁委员会调解,双方最终达成如下调解意见:

1.双方确认王某与某通讯公司之间的劳动合同于2009年8月25日解除;

2.某通讯公司同意向王某支付经济补偿金人民币28万元,但某通讯公司依法代扣代缴上述款项相关税费,某通讯公司在调解协议生效后的15个工作日内将剩余款项一次性转账支付至王某指定的银行卡账号;

3.双方再无其他争议。

【案件评析】

本案是因用人单位单方面解除劳动合同引发的典型案件,所涉及的标的数额较大,某通讯公司主张依据《劳动合同法》第三十九条第二项之规定并根据公司的规章制度单方面解除劳动合同。本案中,重点在于王某违纪事实的认定。虽然某通讯公司主张单方面解除劳动合同的事实依据是王某在业务费用报销过程中虚报金额,但是该公司提交的费用报销单并无王某的签字,而且该公司认可曾对王某提交的报销发票原始凭证部分截取并重新集中粘贴,同时王某否认某通讯公司提交的费用报销单及报销的原始凭证系其本人当初提供给该公司用以报销的票据。因此某通讯公司现有证据不足以证明王某的违纪事实,其单方解除劳动合同的行为缺乏事实依据,属于违法解除劳动合同。

虽然劳动争议仲裁委员会可确认某通讯公司单方面解除劳动合同违法,裁决双方继续履行劳动合同。但是由于王某作为公司的副总裁在双方发生劳动争议后已无法实际履行副总裁的职责,而且某通讯公司已经委任新的副总裁,因此双方的劳动合同已无法继续履行。鉴于此种情况,劳动争议仲裁委员会建议双方当事人调解解决本案争议。双方最终达成前述调解协议。

用人单位单方解除劳动合同
应告知劳动者理由

【基本案情】

姜某于 2007 年 10 月 8 日进入某科技公司工作,签订有三年期劳动合同,工资为 2000 元。2008 年 12 月 25 日,某科技公司与姜某协商解除劳动合同,条件是支付一个月工资的经济补偿金,姜某没有同意,于是某科技公司就强行取消姜某的办公室门卡权限,并单方降低了姜某的工资标准。2009 年 1 月份起某科技公司只支付姜某工资 448.48 元。2009 年 3 月 23 日某科技公司书面通知姜某解除劳动合同,但是未说明理由。姜某申请劳动仲裁,请求:

1. 支付 2009 年 1 月、2 月、3 月克扣工资以及 25% 的经济补偿金;

2. 支付违法解除劳动合同的赔偿金;

3. 支付未提前一个月通知解除劳动合同的代通知金。

某科技公司辩称:因姜某年终绩效考核不合格,又不认同绩效考核不合格结果,故安排姜某于 2009 年 1 月至 3 月进行待岗学习,待岗期间工资按北京市最低工资标准支付并且还要根据姜某的考勤情况发放。待岗期间姜某要到公司会议室进行培训,因姜某工作表现未达到工作要求,2009年3月23日与姜某解除了劳动合同,公司不属于违法解除劳动合同,解除劳动合同通知书中已明确向姜某支付解除劳动合同的经济补偿金。

【审理结果】

某科技公司作出的与姜某解除劳动合同的决定,缺乏事实和法律依据。某科技公司应向姜某支付违法解除劳动合同的二倍经济补偿金标准的赔偿金,并补发姜某自2009年1月至3月的工资差额及25%经济补偿金。

【案件评析】

一、用人单位解除劳动者劳动合同应符合法定情形并明确告知。《劳动合同法》规定,除双方协商一致可以解除劳动合同外,用人单位要单方解除与劳动者之间的劳动合同,应符合《劳动合同法》第三十九条、第四十条、第四十一条规定的法定解除情形。其中第三十九条是因劳动者的过错可以解除劳动合同的情形,第四十条是非因劳动者过错可以解除劳动合同的情形,第四十一条是用人单位裁员的情形。用人单位依据上述规定与劳动者解除劳动合同,应依法视不同情形履行相应的法定解除程序,用人单位依法解除劳动者的劳动合同时,应书面告知劳动者解除的理由及法律依据。

本案中,某科技公司未能举证说明将解除理由及法律依据告知了姜某,就不能证明其与姜某解除劳动合同时的真实情况和理由,也更无法证明其与姜某解除劳动合同符合法定情形。因此劳动争议仲裁委员会认定某科技公司与姜某解除劳动合同缺乏事实和法律依据属于违法解除。

二、用人单位违法解除劳动合同应承担二倍经济补偿金的赔偿金。《劳动合同法》第四十八条规定:用人单位违反本法规定解除或者终止劳动合同,劳动者要求继续履行劳动合同的,用人单位应当继续履行;劳动者不要求继续履行劳动合同或者劳动合同已经不能继续履行的,用人单位应当依照本法第八十七条规定支付赔偿金。第八十七条规定:用人单位违反本法规定解除或者终止劳动合同的,应当依照本法第四十七条规定的经济补偿标准的二倍向劳动者支付赔偿金。

据此,用人单位违法解除劳动合同的,劳动者享有选择权,其既可选择继续履行劳动合同,也可要求用人单位支付赔偿金,赔偿金的标准为用人单位合法解除劳动合同需支付经济补偿金标准的二倍,体现了对用人单位违法行为的惩罚和对劳动者不能继续履行劳动合同损失的赔偿。

【建议】

用人单位与劳动者解除劳动合同,应将解除理由和依据如实告知劳动者,并应重视证据的保留,将解除理由通过解除通知书的形式告知劳动者,同时也是保留了解除劳动合同的证据。否则,如果用人单位不能证明已将解除理由如实告知劳动者,就有可能承担违法解除劳动合同的法律风险。同时,劳动者在被用人单位解除劳动合同时,也应当注意让用人单位告知解除的理由,如果用人单位拒绝告知或者编造解除理由的,可依法申请劳动仲裁维护自身合法权益。

用人单位不能以任何理由扣压
劳动者的档案

【基本案情】

杨某于 2002 年 8 月 1 日到某公司从事技术员工作,双方签订了期限自 2002 年 8 月 1 日至 2007 年 7 月 31 日止的劳动合同。同时,杨某还与人事局和某公司签订了一份《高等学校毕业生服务合同书》。该服务合同约定杨某在本区内服务期为 6 年(含见习期 1 年),服务期满经批准可调出,服务期内因各种原因要求调出区的,按管理权审批后,乙方(杨某)需向甲方(人事局)交纳违约金。2006 年 1 月 17 日某公司以杨某旷工 3 天为由解除劳动合同,并于当日出具解除劳动合同的证明书。劳动合同解除后,杨某于 2006 年 2 月 20 日与新公司签订了劳动合同,同年 3 月 20 日知道某公司未为其办理档案及社会保险转移手续。为此,杨某曾多次口头与某公司协商,并于 2008 年 10 月 15 日及 2008 年 12 月 13 日两次发函要求该公司为其转移档案和社会保险关系。该公司却拒绝为其办理档案及社保关系转移手续。杨某于 2008 年 12 月 17 日向劳动争议仲裁委员会提出申请,请求:

1.办理档案和社会保险关系转移手续;

2.赔偿由于未办理档案和社会保险关系的滞纳金
67487.04元及公司应缴纳的养老保险费30816元。

某公司认为:之所以没有为杨某办理档案及社保关系
转移手续是因为杨某的过错造成的。杨某是外地进京大
学生,在其与公司签订劳动合同之前与人事局签订了《高
等学校毕业服务生合同书》,因此杨某取得了北京市户口,
然后才到公司工作。合同书明确约定杨某在公司的服务
期为6年,服务期未满交纳违约金后才能调出。公司是人
事档案的保管方,也是服务合同书的一方当事人,公司都
已履行服务合同书的义务。2006年因杨某违反公司制度,
被解除了劳动合同,公司也向杨某出具了解除劳动合同证
明书。公司要求杨某向人事局办理调出手续并交纳相应
的违约金,然后予以办理档案关系和社保关系转出手续。
公司也向人事局提交了解除劳动合同的报告,由于杨某未
向人事局交纳违约金,公司无权擅自将杨某的档案及社保
关系调出。杨某要求公司承担滞纳金及应该承担的社会
保险费,没有事实和法律依据,造成社会保险未缴纳的责
任方是杨某。杨某不但不履行合同约定的义务交纳违约
金,也没有与公司协商处理该事项,因此长达两年多的时
间里没有缴纳社会保险的责任应当由杨某承担。根据相
关法律规定,杨某要求赔偿损失也没有实际发生,因此其
要求赔偿没有事实和法律依据。杨某的请求事项也超过
了法律规定的仲裁时效,应当予以驳回。

【审理结果】

1. 某公司为杨某办理转移档案和社会保险关系转移手续；

2. 驳回杨某的其他仲裁请求。

【案件评析】

本案中,某公司与杨某于 2006 年 1 月解除了劳动合同,杨某于 2006 年 2 月找到新的工作单位,同年 3 月知道某公司未为其办理社会保险转移手续,后多次与某公司口头或书面协商办理档案及社会保险转移手续事宜,某公司承认杨某多次找其协商此事,且认可一直未为其办理档案及社会保险关系转移手续。因此,某公司主张杨某的主张超过仲裁时效不能成立。根据《北京市失业保险规定》第十五条关于"用人单位与职工终止、解除劳动(聘用)或工作关系之日起 7 日内将失业人员的名单报户口所在地区(县)社会保险经办机构备案,自终止、解除劳动(聘用)或工作关系之日起 20 日内,持缴纳失业保险的有关材料将职工的档案转移到职工户口所在地区(县)社会保险经办机构"的规定,某公司应为杨某办理档案及社保关系转移手续。关于杨某要求某公司因未办理转移档案和社会保险关系支付其滞纳金的请求,依据《社会保险费征缴暂行条例》第十三条的规定,缴费单位未按规定缴纳和代扣代缴社会保险费的,由劳动保障行政部门或者税务机关责令限期缴纳;逾期仍不缴纳的,除补缴欠缴数额外,从欠缴之日起,按日加收千分之二的滞纳金。滞纳金并入社会保险基金。该条例中所指的滞纳金,是有关行政部门责令未按规定缴纳和代扣代缴社会保险费的用人单位缴纳的滞纳金,该滞纳金应并入社会保险基金,并非是支付给个人。杨某要求某公司支付其欠缴的社会保险费的滞纳金也不属于劳动争议仲裁委员会的受理范围。关于杨某要求某公司支付解除劳动合同后应缴纳养老保险费的请求,缺乏法律依据,劳动争议仲裁委员会不予支持。

调整岗位未协商　解除合同不支持

【基本案情】

李某于 1994 年到某水泥厂负责销售工作, 2001 年担任销售科长职务。双方于 2000 年 6 月 19 日签订了劳动合同, 合同期限至 2003 年 6 月 19 日, 合同期满后双方又续签了劳动合同, 最后一次续签合同期限为无固定期限劳动合同。某水泥厂于 2008 年 9 月 20 日对工作人员的岗位进行了调整, 其中免去李某销售科长的职务, 将其安排到另一部门工作。李某不同意调动工作岗位, 故未到新岗位工作。某水泥厂按照公司的规章制度, 以李某不服从企业安排, 无故连续旷工 24 天为由, 于 2008 年 10 月 24 日作出与李某解除劳动合同的决定。李某对某水泥厂作出的解除劳动合同决定不服, 向劳动争议仲裁委员会申请仲裁, 要求撤销某水泥厂的解除劳动合同决定, 恢复劳动关系。

庭审中李某不认可其旷工, 称因其不同意单位的工作调动, 故未到新岗位工作, 但受某水泥厂安排去客户处对账, 并提供了客户的证明、证人证言等予以证明。

某水泥厂主张李某在担任销售科长期间不符合岗位条件, 有呆坏账的情况以及其曾主动提出不愿在销售部门工作等原因, 故免去其销售科长职务, 并将其调动到另一部门工作。但李某对某水泥厂的上述主张不予认可, 称不存在呆坏账的情况,也未提出不愿在销售部门工作。某水泥厂提供单位的规章制度证明单位规定企业职工应服从企业工作调动及人事管理,如不服从分配,无故缺勤,连续旷工超过 15 天累计旷工 30 天者,给予除名。该制度已经过公示。某水泥厂未提供李某从事销售科长职务的岗位要求和考核要求。

【审理结果】

劳动争议仲裁委员会审理后认为:某水泥厂未提供有效的证据证明李某岗位考核的条件和要求,不足以证明李某不符合岗位要求,且调动其工作岗位未与李某协商一致。因此,某水泥厂单方将李某工作岗位调整到另一部门的行为不妥。李某因不同意某水泥厂单方调整工作岗位故未到新岗位工作,应属某水泥厂未合理安排其工作,不应视为其旷工,故某水泥厂以李某连续旷工为由对其作出的解除劳动合同决定,事实依据不充分,违反法定解除劳动合同的情形,应予以撤销。裁决结果:撤销某水泥厂对李某作出的解除劳动合同决定,恢复与李某的劳动关系。

【案件评析】

本案的争议焦点是李某未到新岗位工作是否构成旷工。李某主张其未到新岗位工作的原因是其不同意某水泥厂调整其工作岗位,且在调整岗位后虽未到新岗位工作,但仍在为某水泥厂追讨销售欠款,不存在旷工行为。劳动争议仲裁委员会认为:应首先判断水泥厂对李某作出撤销其销售科长职务,并调动其工作岗位的决定是否成立。某水泥厂未提供李某不符合岗位要求或不胜任工作的证据,故根据规章制度对其作出撤销其销售科长职务的决定不能成立。依据《劳动合同法》第三十五条第一款关于"用人单位与劳动者协商一致,可以变更劳动合同约定的内容。变更劳动合同,应当采用书面形式"的规定,某水泥厂将李某工作岗位调整到新部门,并未与其协商并经过其本人同意,故某水泥厂作出调整李某工作岗位的决定不能成立。李某因对调整工作岗位不同意,未到新岗位工作不能视为其旷工,故水泥厂以李某旷工为由作出解除劳动合同决定,事实依据不充分,违反法定解除劳动合同的情形,应予以撤销。因此,李某要求撤销水泥厂作出的解除劳动合同决定并恢复劳动关系的请求,劳动争议仲裁委员会予以支持。

双方签订解除劳动合同
协议后职工不能反悔

【基本案情】

李某于 2008 年 3 月 6 日到某公司办公室工作,双方未签订劳动合同,口头约定每月 15 日以现金形式发放上月工资,每月 26 日至次月 25 日为一个工资支付周期。李某第 1 个月工资为 800 元,从第 2 个月开始每月工资 1300 元。2009 年 1 月初,某公司员工陆续放假。2009 年 1 月 13 日公司安排李某放假,后其未再到某公司工作。该公司支付李某工资至 2009 年 1 月 13 日。2009 年 2 月 13 日,某公司口头通知与李某解除劳动关系。2009 年 3 月 9 日,李某与某公司办理了解除劳动关系手续,双方签订了协议书。协议书约定:

1. 李某于 2008 年 3 月 6 日到 2009 年 2 月 13 日止的工资已全部结清;

2. 公司一次性补给李某节假日加班费、未签劳动合同补偿共计 4500 元;

3. 以上条款双方自愿且再无任何争议,李某再不能到法院及劳动争议仲裁委员会提起申诉。李某当日领走协议款 4500 元。

　　事后李某于 2009 年 4 月 9 日申请劳动仲裁,要求公司支付未签劳动合同双倍工资 14300 元;支付加班费 4668 元;支付拖欠的工资 3900 元;支付解除劳动关系经济补偿金 2600 元。

　　李某主张公司与其签订的协议书并非其本人意愿,是被公司强迫签订的,并且协议内容有更改部分,公司与其解除劳动关系时间实际是 2009 年 3 月。李某另主张 2008 年 8 月至 9 月奥运会期间其待岗,公司未支付其待岗期间生活费。

　　该公司主张因李某未提供户口本原件和档案所在地证明等材料,造成公司不能为其办理招工等相关手续,责任在其本人。李某在工作中不存在加班,根据公司规定,加班要明确加班内容和时间,并经领导审批方可实施。公司于 2009 年 1 月 13 日与李某解除劳动关系,双方签订了解除劳动关系的协议,约定由公司一次性支付其加班工资、双倍工资赔偿等经济补偿 4500 元,李某已领取了全部款项,故不同意再支付其任何费用。

【审理结果】

驳回李某的全部仲裁请求。

【案件评析】

　　本案的争议焦点是李某与某公司签订的协议书是否合法有效。该公司与李某签订了协议书,李某虽主张其在此协议书上的签字系被迫,且协议内容有更改部分,但未提供证据予以证明。根据协议书上有双方签字和盖章以及李某已领取协议款 4500 元的事实，劳动争议仲裁委员会对协议书的真实性予以采信。依据相关法律规定，李某与公司系合法的民事法律主体，具有完全的民事行为能力，双方签订的协议书内容不违反法律和行政法规的强制性规定，应为合法有效，双方当事人均应按照协议内容履行。双方在协议书上约定李某自 2008 年 3 月 6 日至 2009 年 2 月 13 日期间的工资已全部结清，该公司一次性支付给李某节假日加班工资、未签订劳动合同补偿共计 4500 元，上述条款签订后双方自愿再无任何争议，李某再不能到法院及劳动争议仲裁委员会提起申诉。协议书表明，李某与某公司协商一致，其自愿放弃相关权利，劳动争议仲裁委员会不持异议。某公司已将协议款 4500 元支付给李某。由于双方约定再无其他争议，李某有权处分自己权利，既然他已经承诺了与某公司之间再无任何其他争议，李某再行提起劳动仲裁有违诚实信用原则，故驳回了他的仲裁请求。

用人单位未注重入职 在职 离职 全程管理酿苦果

【基本案情】

魏某称自 2007 年 8 月 27 日入职某通信公司工作。2008 年 4 月 18 日,财务部经理要求其办理离职手续,并说因合同未到期,补偿其一个月工资。因魏某正在生病期间,不同意解除劳动合同。但某通信公司坚持解除劳动合同,理由为不想继续履行劳动合同。2008 年 4 月,魏某向劳动争议仲裁委员会提出仲裁申请,请求:

1. 继续履行劳动合同;

2. 补缴 2007 年 9 月至 2008 年 1 月的社会保险;

3. 支付 2008 年 3 月 10 日至 2008 年 3 月 14 日已扣的病假工资;

4. 支付 2008 年 2 月、3 月少发的工资;

5. 支付 2008 年 4 月工资;

6. 报销 2008 年 3 月、4 月报销款。

庭审中,某通信公司称魏某以欺诈手段使我公司与之订立劳动合同,其能力完全不能胜任工作,经培训后仍不胜任工作。2008 年 1 月,我公司对其工作岗位进行调整,但调整后其仍工作散漫,我公司曾与魏某协商解除劳动合同,但未果。我公司于2008年4月15日对魏某作出决定,由于魏某工作能力差、以欺诈手段与我公司签订劳动合同,我公司单方解除劳动合同,并于2008年4月18日向魏某送达了终止劳动合同通知,从即日起劳动关系终止。在职期间,我公司按其相应岗位支付工资,从未拖欠工资。魏某从未向我公司提供2008年4月报销单据,我公司对其报销款无法进行核实,故我公司不同意魏某的全部仲裁请求。

【审理结果】

1.魏某与某通信公司继续履行劳动合同;

2.某通信公司支付魏某2008年2月至3月工资差额1681.63元;

3.某通信公司支付魏某2008年4月1日至4月18日工资1802.36元;

4.某通信公司支付魏某2008年3月报销费用300元;

5.驳回魏某的其他仲裁请求。

【案件评析】

双方争议焦点为,解除劳动合同实质要件和程序要件是否合法?

魏某自入职后,担任某通信公司设计工程师岗位。在双方签订劳动合同书中也明确约定工作岗位和工资待遇。后某通信公司发现魏某不能胜任设计工程师岗位,采取培训等方式,后其仍不能胜任工作,调整岗位后也不能胜任工作。这时,某通信公司才按照魏某提交的工作履行表进行核实,核实后发现魏某自述工作经历与其事实情况不符。作为用人单位,在招聘劳动者时首先应向劳动者核实身份和相关工作履历情况,而并不是在出现问题后才去核实。某通信公司一再主张解除魏某的劳动合同原因是因其不胜任工作,但在 2008 年 4 月 18 日向魏某发出的《终止劳动合同通知书》,理由却是终止条件已出现,因工作调整,将不再续签劳动合同。经过庭审调查后,某通信公司所称的终止条件并未发生。事后,某通信公司又以其不胜任工作岗位及编造虚假工作经历欺骗公司为由对魏某作出解除劳动合同的处理,此时某通信公司应按照法律规定的程序向魏某进行送达,但某通信公司却忽略了送达程序,这也是导致公司败诉的原因之一。某通信公司对于魏某不能胜任原岗位工作的处理,先是采取培训,培训后仍不胜任工作,后又进行调岗调薪,但作出调岗调薪的决定时,没有按照其《薪资管理规定》中关于调岗调薪应当以"薪资通知单"方式通知的规定通知魏某,从而导致魏某在调整后的工作岗位工作却能按照原岗位工资标准获得工资的仲裁处理结果。

用人单位试用期内解除
劳动合同企业需慎重

【基本案情】

李某于 2008 年 11 月 17 日入职 C 公司,当日双方签订劳动合同,合同期至 2011 年 11 月 16 日,劳动合同中约定李某的工作岗位为出纳,试用期三个月,约定试用期工资为 1880 元。2009 年 1 月 12 日 C 公司通知李某解除劳动合同,理由是试用期内不符合录用条件,解除劳动合同不应支付赔偿金。2009 年 2 月 6 日李某办理交接后未再上班,C 公司支付了李某工资至 2009 年 2 月 10 日,李某向劳动争议仲裁委员会提出仲裁申请,要求 C 公司支付违法解除劳动合同赔偿金 1880 元。C 公司认为:公司与李某在 2008 年 11 月 17 日签订三年期劳动合同,试用期三个月,李某于当日到公司工作,公司于 2009 年 1 月 12 日书面通知李某在试用期内不符合录用条件,解除劳动合同,所以不应支付赔偿金。C 公司提交证据:废发票、交易明细记录,证明李某不具备出纳的工作能力,不符合录用条件。对此,李某不予认可,并表示本人未开出废发票,在交易明细记录查询中也不能确认本人开出废发票。

劳动争议仲裁委员会查明:李某于 2008 年 11 月 17 日

入职 C 公司,双方签订了三年期限的劳动合同,约定试用期为三个月,试用期工资 1880 元。劳动合同中并未约定试用期的考核标准及录用条件,C 公司亦未能提出李某在试用期中应达到相应标准和要求的规定,对 C 公司提出在交易明细记录查询中可以查询到李某工作中开具多张废发票的主张,亦无法确认。

【审理结果】

C 公司与李某签订了劳动合同,双方建立了合法有效的劳动合同关系,均应依法履行相关义务。C 公司提出在试用期内因李某不符合录用条件解除与李某劳动合同关系的主张,缺少事实依据,劳动争议仲裁委员会没有采信。李某于 2009 年 2 月 6 日办理交接,且未再上班,双方劳动合同关系解除事实成立。裁决 C 公司支付李某解除劳动合同赔偿金 1880 元。此裁决对 C 公司为终局裁决。

【案件评析】

本案涉及二个焦点问题,一是试用期解除劳动合同,《劳动合同法》第三十九条第(一)项规定,在试用期被证明不符合录用条件的,用人单位可以解除劳动合同。C 公司提出,通过"交易明细记录查询"中可以发现李某开出了废发票,证明李某不符合试用期录用条件,主张解除劳动合同。C 公司的主张缺少二个条件,其一,"交易明细记录查询"中的废发票无法确认系李某开出;其二,无法确认开出废发票不符合试用期的录用条件,即 C 公司并未明确李某在试用期的录用条件是什么,双方亦无约定。据此,劳动争议仲裁委员会认为:C公司在试用期内以不符合录用条件为由,解除李某的劳动合同,缺少事实依据,并依据《劳动合同法》第八十七条中关于"用人单位违反本法规定解除或者终止劳动合同的,应当依照本法第四十七规定的经济补偿标准的二倍向劳动者支付赔偿金",和第四十七条第一款关于"经济补偿按劳动者在本单位工作的年限,每满一年支付一个月工资的标准向劳动者支付。六个月以上不满一年的,按一年计算;不满六个月的,向劳动者支付半个月工资的经济补偿"等规定作出裁决。本案中李某在C公司工作年限不满六个月,所以经济补偿是半个月工资,赔偿金是一个月工资。二是本裁决为一裁终局,《劳动争议调解仲裁法》第四十七条第(一)项规定:追索劳动报酬、工伤医疗费、经济补偿或者赔偿金,不超过当地月最低工资标准十二个月金额的争议,仲裁裁决为终局裁决,裁决书自作出之日起发生法律效力。本案中李某追索解除劳动合同赔偿金额低于本市最低工资标准十二个月的金额,所以本案裁决为终局裁决,自裁决书送达之日起发生法律效力。

因用人单位原因调动工作的
工龄应连续计算

【基本案情】

李某于 2000 年 2 月 25 日进入 A 公司工作,2004 年 12 月,A 公司与 B 公司共同出资成立了 C 公司,李某被 A 公司安排进入了 C 公司工作,此后李某一直在 C 公司工作,C 公司一直未与李某签订劳动合同,2008 年 4 月 C 公司解除了与李某的事实劳动关系。A 公司于 2005 年 12 月注销。李某与 C 公司就解除劳动关系的经济补偿金问题发生劳动争议,并向劳动争议仲裁委员会提出仲裁申请,要求 C 公司支付从 2000 年 2 月起至 2008 年 4 月止,每满一年补偿一个月工资的经济补偿金。C 公司认为:C 公司在 2004 年 12 月才成立,李某原系 A 公司职工,2004 年 12 月后,李某才与 C 公司建立事实劳动关系,按照《劳动合同法》的规定,经济补偿按劳动者在本单位的工作年限,每满一年支付一个月工资的经济补偿金;六个月以上不满一年的,按一年计算;不满六个月的,向劳动者支付半个月工资的经济补偿金。因此 C 公司只应向李某支付三个半月工资的经济补偿金。

【审理结果】

经劳动争议仲裁委员会调解,C公司同意向李某支付8个半月工资的经济补偿金。

【案件评析】

本案争议的焦点是:李某在原A公司工作的年限是否可计算为C公司的"本单位工作年限"。

按照《劳动合同法》第四十七条第一款的规定:经济补偿按劳动者在本单位工作的年限,每满一年支付一个月工资的标准向劳动者支付。六个月以上不满一年的,按一年计算;不满六个月的,向劳动者支付半个月工资的经济补偿。但该法对"本单位工作年限"未作相应的界定。

原劳动部办公厅对《关于终止或解除劳动合同计发经济补偿金有关问题的请示》的复函(劳办发〔1996〕33号)第四条作了相应的规定:因用人单位的合并、兼并、合资、单位改变性质、法人改变名称等原因而改变工作单位的,其改变前的工作时间可以计算为"在本单位的工作时间"。因此,从该复函来看,李某在A公司工作的年限应当计算为C公司的"本单位工作年限"。同样,《劳动合同法实施条例》第十条对于"本单位工作年限"也作出了相应规定:劳动者非因本人原因从原用人单位被安排到新用人单位工作的,劳动者在原用人单位的工作年限合并计算为新用人单位的工作年限。原用人单位已经向劳动者支付经济补偿的,新用人单位在依法解除、终止劳动合同计算支付经济补偿的工作年限时,不再计算劳动者在原用人单位的工作年限。

　　本案中，由于 A 公司在注销时并未向李某支付经济补偿金，按照上述规定，李某在 A 公司的工作年限应计算为 C 公司的"本单位工作年限"，C 公司应向李某支付 8 个半月工资的经济补偿金。

女职工未婚先孕不可解除劳动合同

【基本案情】

赵小姐于 2007 年 7 月入职某服装销售公司,担任导购工作,双方签订了书面劳动合同,合同期限自 2008 年 1 月 1 日至 2011 年 12 月 31 日。2010 年 6 月,赵小姐在工作中出现呕吐等情况,某服装销售公司遂安排赵小姐到医院进行体检,医院向某服装销售公司出具了赵小姐的《诊断证明书》,证实赵小姐已经怀孕 3 个月。某服装销售公司即以赵小姐尚未登记结婚,在未取得准生证明的情况下怀孕,违反了国家计划生育的有关政策,造成恶劣影响为由,与其解除了劳动合同。2010 年 8 月赵小姐与其男友领取了《结婚证》,并向劳动争议仲裁委员会申请劳动仲裁,要求与某服装销售公司继续履行劳动合同并享受产前检查假等待遇。

【审理结果】

经劳动争议仲裁委员会调解,某服装销售公司同意与赵小姐继续履行劳动合同,让其享受相应的孕期待遇。

【案件评析】

本案争议的焦点在于未婚生育的女职工是否应得到劳动合同法的保护。由于女职工的生理特点,在特定时期,劳动工作中会存在一些特殊困难。为保护女职工的健康,减少和解决她们因生理特点而造成的特殊困难,国家对女职工实行特殊的劳动保护。从1988年国务院颁布的《女职工劳动保护规定》到后来的《劳动法》《劳动合同法》和《劳动合同法实施条例》,都明确规定了在女职工孕期、产期、哺乳期应享受的相关待遇。本案中,赵小姐未婚先孕的行为从道德的层面上讲可能确有瑕疵。但这属于其个人行为,如果违反了计划生育政策,也应由计划生育部门来制约。无论是《劳动法》、《女职工劳动保护规定》,还是其他法律、法规,对孕期女职工的保护,并没有区分是已婚还是未婚。就是说,在无法律特殊规定的情况下,未婚先孕的女职工应视同为正常婚育,受到《劳动法》、《女职工劳动保护规定》等法律、法规的保护,同样也应受到《劳动合同法》的保护。用人单位与劳动者形成的劳动关系,应当遵守劳动法律法规的规定,故赵小姐未婚先孕的行为并不能成为某服装销售公司解除劳动合同的理由。

另外,未婚先孕同样可以享受产前检查假。国家设立产前检查假目的是为了提高出生人口质量,优生优育,只要有怀孕的事实,无论是否符合计划生育政策,都应当享有产前检查的权利。

遗失职工档案应赔偿

【基本案情】

李先生于 1981 年被分配到原 A 国有公司工作。1992年 7 月,李先生申请辞职后出国。2008 年 5 月,李先生回国,同年 7 月到 A 公司查找其人事档案,A 公司告知李先生其人事档案已丢失。1988 年至 2008 年期间,原 A 国有公司先后经历股份制改革、与外商合资等。李先生现已年满 45 周岁。由于没有人事档案,社保部门停止了李先生社会养老保险的补交办理手续。李先生为维护自己的合法权益,遂于 2008 年 9 月申请劳动仲裁,要求 A 公司赔偿其丢失档案损失 10 万余元。A 公司庭审中辩称:李先生应在辞职后的一个月内要求原 A 国有公司将其人事档案转交到新的工作单位或户籍所在地的街道劳动部门,其于2008 年 9 月因档案遗失才申请仲裁,已超过仲裁时效。

【审理结果】

经劳动争议仲裁委员会调解,A 公司支付李先生档案遗失赔偿金 5 万元。

【案件评析】

人事档案是公民取得就业资格、缴纳社会保险、享受相关待遇所应具备的重要凭证。档案的存在以及其记载的内容对公民的生活有重大影响。李先生从 A 国有公司辞职后,该公司未将其人事档案按照国家政策规定,及时予以转出,进行移交或进行妥善保管,造成其档案遗失,影响李先生今后就业及享受相关待遇。A 公司虽然经过了改制、合资等,但现在的 A 公司作为原 A 国有公司权利与义务的继承者,应当依法赔偿李先生档案丢失的损失。而李先生于 1992 年辞职后出国未及时追查个人档案的移交情况致使档案滞留该公司后遗失,其于 2008 年回国后才想起查找自己的档案,显然自己也存在一定的责任。但李先生现年已满 45 周岁,档案的遗失只是给其取得相关利益造成了可预见的损失。在劳动争议仲裁委员会调解下,双方当事人和解,A 公司支付李先生档案遗失赔偿金 5 万元。

劳动合同订立后因故未履行
用人单位应担责

【基本案情】

2010 年 4 月 1 日,杨某经某纸张有限公司招聘入职。双方于当日签订劳动合同,期限至 2011 年 3 月 31 日止。劳动合同中约定杨某担任某纸张有限公司对玻利维亚投资的经理助理岗位,工作地点在玻利维亚,工资标准为 1000 美元/月。某纸张有限公司安排杨某于 2010 年 4 月 28 日前往玻利维亚,并为其购买了机票。杨某开始进行前往玻利维亚的准备工作。出境当日因杨某签证问题未能离境。此后,某纸张有限公司未继续安排杨某出境,也未安排其从事其他工作。2010 年 6 月 10 日,某纸张有限公司以劳动合同订立时所依据的客观情况发生重大变化,致使劳动合同无法继续履行为由,依据《劳动合同法》第四十条第三项的规定作出解除劳动合同的决定,并以邮寄方式送达杨某。双方在解除劳动合同前,某纸张有限公司未向杨某支付过劳动报酬。杨某遂向劳动争议仲裁委员会提出仲裁申请,要求支付 2010 年 4 月至 5 月两个月的工资 2000 美元。某纸张有限公司在庭审时主张,杨某在双方签订劳动合同时曾承诺可凭借私人身份前往玻利维亚,故其应当承担未能出国的责任,因杨某未能在双方约定的工作地点提供劳动故拒绝向其支付劳动报酬。

【审理结果】

劳动争议仲裁委员会审理后认为,依据《劳动法》第五十条的规定,工资应当以货币形式按月支付给劳动者本人,不得克扣或者无故拖欠劳动者的工资。杨某与某纸张有限公司在劳动合同中对于合同期限、工作地点、工作岗位及劳动报酬标准已作出明确约定,系当事人的真实意思表示,双方应自 2010 年 4 月 1 日起如约履行。而某纸张有限公司在劳动合同履行期间未支付杨某工资的行为明显违反上述法律规定,应当予以纠正。对于工资标准,依据《劳动合同法》第三十条的规定,用人单位应当按照劳动合同约定和国家规定,向劳动者及时足额支付劳动报酬。由于双方当事人在劳动合同中已就工资标准作出明确约定,且办理劳动者出国工作的相关手续系用人单位应尽的义务,故裁决某纸张有限公司按照劳动合同的约定支付杨某 2010 年 4 月至 5 月工资 2000 美元。

【案件评析】

本案的争议焦点有两项:第一、劳动者杨某在未到达劳动合同约定的工作地点之前,劳动合同是否已经开始履行?依据《劳动合同法》第七条的规定,用人单位自用工之日起即与劳动者建立劳动关系。鉴于双方在杨某入职当天已签订劳动合同,故即使杨某尚未前往玻利维亚履行合同中约定的工作内容,劳动合同也已经开始履行了。在劳动合同履行期间,某纸张有限公司作为用人单位应当按照劳动合同约定的工资标准向杨某支付劳动报酬。第二、在杨某因签证问题未能离境的情况下,某纸张有限公司既没有继续安排其出境,也未安排其从事其他工作,应当按照什么标准向其支付工资? 劳动争议仲裁委员会认为:办理出境手续系某纸张有限公司应当为杨某提供的劳动条件,杨某因签证问题未能离境,责任不在杨某本人。且此后某纸张有限公司没有积极地为杨某办理再次出境手续,致使杨某不能及时前往劳动合同中约定的工作地点提供劳动,属于某纸张有限公司的责任。故某纸张有限公司应当按照劳动合同的约定标准继续支付杨某工资。

【建议】

用人单位与劳动者在订立劳动合同时,应当充分考虑到合同履行过程中可能出现的相关情况。从而避免因劳动合同订立时出现的瑕疵和疏漏,对劳动合同的履行造成影响,同时也给自身带来不必要的损失。

协商解除劳动合同系双方意愿 协议应认定有效

【基本案情】

崔某于 1998 年 10 月 6 日入职 L 公司,2008 年 6 月 7 日与 L 公司签订无固定期限劳动合同,工作岗位为保险销售主管。2008 年 12 月 12 日双方签署了《解除劳动合同协议书》,并办理了工作交接。在《解除劳动合同协议书》中双方对解除劳动合同的日期、经济补偿金、代通知金及工资支付的日期和办理工作交接等事宜进行了约定,其中约定:双方一致同意,除本协议约定的内容之外,不再向对方提出任何要求,即就劳动关系事宜不再存在任何纠纷。2008 年 12 月 15 日,L 公司履行了《解除劳动合同协议书》中约定义务。2008 年 12 月 20 日崔某向劳动争议仲裁委员会提出申请,要求 L 公司支付违法解除劳动合同的赔偿金 XXXX 元;补发 2007 年 7 月 1 日至 2008 年 12 月 12 日绩效工资 XXXX 元。

L 公司认为:L 公司依法与崔某协商解除劳动合同,无须向其支付解除劳动合同赔偿金,另根据 L 公司《员工手册》相关内容,崔某不应享受 2007 年 7 月至 2008 年 12 月 12 日绩效工资。在《解除劳动合同协议书》中双方已约定支付崔某经济补偿金、代通知金和工资,公司已经实际履行了相关的给付义务,且约定双方就劳动关系事宜不再存在任何纠纷,因此不同意崔某的仲裁请求。

【审理结果】

驳回崔某所有仲裁请求。

【案件评析】

依据《劳动合同法》第三十六条之规定,用人单位与劳动者协商一致,可以解除劳动合同。2008 年 12 月 12 日,L公司与崔某双方签订了《解除劳动合同协议书》,并于同日双方办理了工作交接。崔某作为具有完全民事行为能力人,理应对自己的民事法律行为承担相应的法律责任。双方所签订的《解除劳动合同协议书》中明确约定,双方一致同意,除本协议约定的内容之外,不再向对方提出任何要求,即就劳动关系事宜不再存在任何纠纷。按《劳动法》、《劳动合同法》的规定,签订、变更、履行及解除劳动合同,应当遵循平等自愿、协商一致的原则。本案中 L 公司与崔某经过协商,就解除劳动合同的相关事宜达成一致意见,且从双方协商的内容来看并未违反法律、行政法规的强制性规定,该协议有效,此外,基于劳动关系而产生的劳动者的权利,劳动者享有处置权,应尊重其意思自治。本案中,崔某在与 L 公司达成的协议书当中明确表示"不再向对方提出任何要求。即就劳动关系事宜不存在任何纠纷"。故劳动争议仲裁委员会认为,这属于崔某放弃其他权利的意思表示。2008 年 12 月 16 日,崔某向劳动争议仲裁委员会就其与L公司因劳动关系所产生的权利与义务再提起仲裁申请,明显与其所签署的《解除劳动合同协议书》的内容相违背。故劳动争议仲裁委员会作出上述裁决。

另外,2010年9月14日颁布的《最高人民法院关于审理劳动争议案件适用法律若干问题的解释(三)》第十条规定:劳动者与用人单位就解除或者终止劳动合同办理相关手续、支付工资报酬、加班费、经济补偿或者赔偿金等达成的协议,不违反法律、行政法规的强制性规定,且不存在欺诈、胁迫或者乘人之危情形的,应当认定有效。前款协议存在重大误解或者显失公平情形,当事人请求撤销的,人民法院应予支持。本案裁决符合司法解释的精神。

单位未缴纳社会保险费
劳动者有权解除劳动合同并
要求支付经济补偿金

【基本案情】

曹某自 2008 年 3 月 29 日入职某混凝土公司,工作岗位为罐车司机,期间双方签订了两次劳动合同,最后一次劳动合同期限为 2009 年 4 月 1 日至 2012 年 4 月 1 日。2010 年 4 月 23 日曹某辞职离开单位,后于 2010 年 5 月 20 日向劳动争议仲裁委员会提出仲裁申请,要求某混凝土公司:支付解除劳动合同的经济补偿金 4000 元。

庭审中,某混凝土公司主张:曹某系主动辞职,故不应支付经济补偿金。此外,公司为曹某购买了商业保险,不用缴纳养老保险,所以,公司不应该支付曹某解除劳动合同的经济补偿金。

曹某则表示,辞职是因某混凝土公司未依法为其缴纳养老保险,依照《劳动合同法》的相关规定,某混凝土公司应该支付解除劳动合同经济补偿金。

【审理结果】

劳动争议仲裁委员会在审理后认为:劳动者享有取得劳动报酬的权利、休息休假的权利、依法参加社会保险的权利。本案中,曹某与某混凝土公司订了书面劳动合同,双方均应当按照劳动合同及法律规定履行义务,某混凝土公司虽然为曹某购买了商业保险,但是这不能代替用人单位依法应当为劳动者缴纳社会保险的义务,曹某据此依法可以解除双方的劳动合同,并要求某混凝土公司支付解除劳动合同经济补偿金。曹某月平均工资为 1898.92 元,在某混凝土公司共计工作 2 年零 24 天,依照《劳动合同法》第四十七条第一款的规定,应得到 2.5 个月的经济补偿金,具体数额为:1898.92 元 × 2.5 个月 = 4747.30 元,曹某现主张该数额为 4000 元,符合法律规定,应予以支持。

【案件评析】

曹某自 2008 年 3 月 29 日与某混凝土公司建立劳动关系,并签有劳动合同,但某混凝土公司未依法为曹某缴纳养老保险,依据《劳动合同法》的相关规定,用人单位未依法为劳动者缴纳保险费,劳动者可以解除劳动合同。因上述情形解除劳动合同的,用人单位应当向劳动者支付经济补偿金。经济补偿按劳动者在本单位工作的年限,每满一年支付一个月的工资标准向劳动者支付;六个月以上不满一年的,按一年计算;不满六个月的,向劳动者支付半个月工资的经济补偿。故作出上述裁决。

用人单位单方解除劳动合同
需有充分证据

【基本案情】

东某于 2008 年 10 月 6 日与某制药研发公司签订劳动合同,期限自 2008 年 10 月 6 日至 2010 年 10 月 5 日止,试用期是 2 个月。东某的工作岗位为前台接待,每月工资为税前 3300 元,实行标准工时工作制。入职时,某制药研发公司明确告知东某的工作岗位,并于 2009 年 2 月再次发放给东某《前台工作实施细则》。该细则中规定前台工作岗位包括办公用品等的管理。2008 年 11 月东某因工作表现欠佳受到领导的批评。

2008 年 12 月 3 日,东某递交书面检讨书,承认工作中表现欠缺并认识到错误。2008 年 12 月 5 日,某制药研发公司向东某发放《转正通知书》,告知公司认为其工作表现尚不能完全胜任,需要再加强培训,同意转正。在告知东某转正的同时,某制药研发公司向东某送达《试用期评价通知书》,告知东某因工作表现不完全符合公司前台接待的相关岗位职责及工作要求,工作态度欠佳,主动性较差,按照公司员工守则的相关规定,给予其内部警告处分。

2009 年 2 月 25 日,东某在 16 天出勤中存在 8 次迟到,且没有及时更换湿纸巾。对此,东某称其每天都在规定时间前到岗,只是因更换工服造成未及时在规定时间内打卡,还称更换湿纸巾的工作不属于其岗位职责。某制药研发公司丢失了一些合同文本和重要传真件,公司认为这是东某造成的。2009 年 2 月 27 日,某制药研发公司以东某严重违反公司规章制度为由,依据《劳动合同法》及《员工守则》第十一章第七十六条的规定与东某解除劳动合同。东某否认丢弃合同和重要传真件,对解除劳动合同的理由及依据不认可,认为其行为不构成严重违反公司规章制度。东某此后不再上班,工资结算至解除劳动合同的当日。

东某于 2009 年 3 月 10 日向劳动争议仲裁委员会提出仲裁申请,要求支付未提前三十天通知的代通知金 3300 元及解除劳动合同经济补偿金 1650 元。庭审中,某制药研发公司认为东某擅自丢弃合同和重要传真、迟到、不及时更换办公用品的行为已经构成严重违纪,并提交公司员工魏某所写《关于东某丢弃某项目试验报告传真件的说明》及《杨××与魏××的往来邮件》予以证明。但上述电子邮件未经公证机关的公证,证人也未到庭作证。某制药研发公司《员工守则》第十一章第七十六条规定:员工严重违反劳动纪律或者公司规章制度的,公司有权辞退员工并解除劳动合同。但该守则中并未明确写明严重违纪行为所包括的情形。东某确认已阅读过上述守则,且该守则经过了民主程序。

【审理结果】

某制药研发公司于本裁决生效之日起五日内,支付东某解除劳动合同经济补偿金 1650 元。

【案件评析】

对于某制药研发公司主张的东某存在擅自丢弃合同和重要传真件的过失行为,因某制药研发公司的证人未到庭、电子邮件未经过公证机关的公证,不符合有关的证据规则,劳动争议仲裁委员会无法确认上述证据的真实性,故对某制药研发公司的相关证据不予采信。东某存在 16 天内迟到 8 次及未及时更换办公用品的行为,其行为确属不当,但某制药研发公司提交的《员工守则》中未明确规定严重违纪所包括的情形。因此,该公司虽然认为东某严重违纪,但在企业规章制度方面及事实依据上都不够充分,依法应予撤销。依据《劳动合同法》第四十七条第一、三款的规定,某制药研发公司应支付东某解除劳动合同经济补偿金,数额为 1650 元。因为某制药研发公司解除与东某劳动合同的行为,不属于法律规定的应当提前 30 天通知解除劳动合同的情形,因此东某要求支付未提前三十天通知的代通知金的请求,无法律依据,不应予以支持。

本案中还有一个重要问题,就是某制药研发公司的行为实际上已经构成了违法解除劳动合同,如果东某主张某制药研发公司支付违法解除劳动合同的赔偿金,即经济补偿金的二倍,也会得到劳动争议仲裁委员会的支持,由于东某只要求解除劳动合同的经济补偿金,所以最终作出了上述裁决。

孕期女职工劳动合同期满时
应依法续延合同

【基本案情】

赵某于 2009 年 1 月 1 日到某百货公司,任收银员。双方签订了 2009 年 1 月 1 日至 2010 年 12 月 31 日止的劳动合同,月工资标准为 3000 元。2010 年 10 月 20 日赵某到医院检查得知其已怀孕,并在次日将其怀孕情况告知某百货公司。2010 年 11 月 30 日双方的劳动合同到期前一个月,某百货公司书面通知赵某 2010 年 12 月 31 日双方的劳动合同到期后将不再与其续签劳动合同。2010 年 12 月 31 日某百货公司向赵某发出了终止劳动合同通知书,通知赵某公司将于 2010 年 12 月 31 日与其终止劳动合同,并告知赵某到公司领取终止劳动合同经济补偿金 6000 元。赵某收到某百货公司向其送达的终止劳动合同通知书后,认为其处于怀孕期间某百货公司无权与其终止劳动合同,某百货公司对其作出的终止劳动合同的决定是违法的,故没有到公司领取终止劳动合同经济补偿金,并于 2011 年 1 月向劳动争议仲裁委员会提出申请,请求:某百货公司支付违法终止劳动合同的赔偿金 12000 元。

某百货公司辩称:公司按照《北京市劳动合同规定》的

相关规定,在劳动合同到期前一个月以书面形式告知赵某劳动合同到期不再续签,赵某收到该通知后也未提出异议。2010 年 12 月 31 日单位与赵某终止劳动合同,这符合相关的法律、规章的规定,并且已告知赵某依据《劳动合同法》的规定向其支付终止劳动合同经济补偿金 6000 元。公司不存在违法终止劳动合同的情况,赵某的申请请求缺乏依据。

【审理结果】

某百货公司向赵某支付违法终止劳动合同的赔偿金12000 元。

【案件评析】

依照《劳动合同法》第四十二条、第四十五条的规定,女职工在孕期、产期、哺乳期的劳动合同应当续延至情形消失时终止。2010 年 10 月 20 日赵某到医院检查得知自己怀孕,并在次日将其怀孕情况告知某百货公司。虽然2010 年 12 月 31 日双方所签订的劳动合同到期但赵某仍处于孕期内,因此赵某与某百货公司签订的劳动合同应当续延至赵某孕期、产期、哺乳期情形消失时终止,某百货公司应当继续履行与赵某的劳动合同。而某百货公司在赵某孕期内与其终止劳动合同的做法,违反了《劳动合同法》的规定,鉴于赵某不要求继续履行劳动合同,故根据《劳动合同法》第四十八条、第八十七条的规定,裁决某百货公司应向赵某支付违法终止劳动合同的赔偿金 12000 元。

作为用人单位,在处理与劳动者的劳动关系问题时,不应当仅从一个角度或一种情况片面的理解和适用《劳动合同法》的规定,而应当全面、系统的掌握各项规定,并针对不同的情形,正确适用和履行法律赋予的权利和义务,避免因自身错误理解劳动法律法规而给单位造成不必要的损失。

劳动合同终止应提前 30 日
书面通知劳动者

【基本案情】

赵某于 2007 年 4 月进入某广告公司工作,双方签订了劳动合同,合同期限自 2007 年 4 月 10 日至 2009 年 5 月 9 日。双方在劳动合同中约定,赵某在试用期期间每月工资为人民币 8000 元,转正后每月工资人民币 10000 元。某广告公司于 2009 年 4 月 27 日书面告知赵某劳动合同到期终止,不再续签。赵某于 2009 年 5 月 9 日正式离职。某广告公司支付了一个半月工资的经济补偿金,但没有支付未提前通知终止劳动合同的赔偿金。

2009 年 9 月,赵某向劳动争议仲裁委员会提出仲裁申请,要求某广告公司:支付 18 日的代通知金共计 8275.86 元。

【审理结果】

某广告公司支付赵某未提前通知终止劳动合同的赔偿金 8275.86 元。

【案件评析】

劳动争议仲裁委员会认为:依照《北京市劳动合同规定》第四十条的规定:劳动合同期限届满前,用人单位应当提前 30 日将终止或者续订劳动合同意向以书面形式通知劳动者,经协商办理终止或者续订劳动合同手续。某广告公司与赵某终止劳动合同,应当在劳动合同到期前 30 日书面告知赵某。但某广告公司于 2009 年 4 月 27 日才书面告知,延迟了 18 日,违反了本条的规定。

《北京市劳动合同规定》第四十七条规定:用人单位违反本规定第四十条规定,终止劳动合同未提前 30 日通知劳动者的,以劳动者上月日平均工资为标准,每延迟 1 日支付劳动者 1 日工资的赔偿金。某广告公司延迟了 18 日通知,故应向赵某支付 18 日工资作为赔偿金。

【建议】

提前 30 日书面通知劳动者是否续订劳动合同,是为了给劳动者一个合适的缓冲期,使其有适当的时间对今后的生存发展作出合适的计划。作为用人单位,应进一步加强自身管理,依法办事,在劳动者的劳动合同期限届满前,应当提前 30 日将终止或者续订劳动合同意向以书面形式通知劳动者,经协商办理终止或者续订劳动合同手续。一方面维护了劳动者的合法权益,另一方面也利于用人单位的自身管理和发展,促进劳资关系的法制化和人性化。

应当注意的是:支付未提前通知终止劳动合同的代通知金是按照实际未提前通知的天数计算的,而不是工作日,这就意味着如果用人单位未提前 30 日通知劳动者终止劳动合同,就要支付劳动者相当于几乎一个半月的工资,建议用人单位应当特别引起注意。

第三部分　劳动关系

劳动者岗位未变改为劳务派遣
解决纠纷应确认劳动关系

【基本案情】

王某称其于 2000 年 3 月 14 日入职某机床厂,岗位是餐厅服务员,月工资 1300 元,2007 年 12 月 31 日之前签有劳动合同,之后未签过劳动合同,其于 2009 年 5 月 31 日以某机床厂未为其缴纳社会保险为由提出解除劳动关系。于 2009 年 6 月向劳动争议仲裁委员会提出仲裁申请,请求:

1. 确认其与某机床厂自 2000 年 3 月 14 日至 2009 年 5 月 31 日期间存在劳动关系;

2. 依法裁决 2009 年 5 月 31 日解除与某机床厂的劳动关系并支付解除劳动关系的经济补偿金 11050 元,原因是某机床厂未依法为其缴纳社会保险费;

3. 支付自 2000 年 3 月至 2009 年 5 月未依法缴纳养老、失业保险费的赔偿金 18000 元。

某机床厂辩称:王某于 2000 年 3 月 14 日入职机床厂,在食堂工作,直至 2007 年 11 月 30 日与机床厂存有劳动关系。2007 年 12 月 1 日开始,王某与某劳务派遣公司签订劳动合同,由该某劳务派遣公司将其派到机床厂工作。

经查证:王某于 2007 年 12 月 1 日与某劳务派遣公司签订了劳动合同,合同约定将其派遣到某机床厂工作,王某为外地农业户口,某机床厂与某劳务派遣公司均未为其缴纳社会保险。

【审理结果】

经劳动争议仲裁委员会调解,双方最终达成如下调解意见:

1. 王某与某机床厂于 2000 年 3 月 14 日建立劳动关系,双方于 2007 年 11 月 30 日解除劳动关系;2007 年 12 月 1 日起,王某与某劳务派遣公司签订劳动合同,与某机床厂是劳务派遣关系;2008 年 7 月 16 日,王某与某劳务派遣公司的劳动合同、与某机床厂的用工关系经三方协商一致后解除;

2. 某机床厂自本调解书生效之日起七日内,一次性支付王某人民币 23000 元整;

3. 王某自愿放弃其他仲裁请求。

【案件评析】

目前在劳动力市场存在着劳动者一直在某用人单位工作,但在该用人单位工作较长一段时间后,劳动者又与某劳务派遣公司签订劳动合同,且仍将其派往原用人单位工作的情形,而由此引发的劳动争议案件日趋增多。在当前严峻的就业形式下,劳动者为了保住自己来之不易的工作岗位,不得不接受用人单位的条件,与劳动派遣公司签订劳动合同,从而使得原本与用人单位的劳动关系变更为劳务派遣关系。在本案中,王某于2007年12月1日与某劳务派遣公司签订了劳务派遣协议,自2007年12月1日起,王某与某机床厂的劳动关系就变更为劳务用工关系。根据现行的法律实践,王某只能以某机床厂作为被申请人向劳动争议仲裁委员会提起双方自2000年3月14日至2007年11月30日因劳动关系而产生的劳动争议的仲裁请求。依据《劳动争议调解仲裁法》第二十二条关于"发生劳动争议的劳动者和用人单位为劳动争议仲裁案件的双方当事人。劳务派遣单位或者用工单位与劳动者发生劳动争议的,劳务派遣单位和用工单位为共同当事人"的规定,以某劳务派遣公司及某机床厂作为共同被申请人,向劳动争议仲裁委提起三方于2007年12月1日至2009年5月31日因劳务派遣关系而产生的劳动争议的仲裁请求。

　　本案中,王某于2007年12月1日签订劳务派遣合同时,就应该知道其权利受到了侵害,应依据《劳动法》第八十二条关于"提出仲裁要求的一方应当自劳动争议发生之日起六十日内向劳动争议仲裁委员会提出书面申请"的规定,就2000年3月14日至2007年11月30日期间的劳动争议提起仲裁申请,但王某于2009年6月才提起仲裁申请,故王某所主张的某机床厂2000年3月14日至2007年11月30日期间未缴纳养老及失业保险的赔偿金的仲裁请求以及该期间的其他仲裁请求,均已超过仲裁时效,无法得到劳动争议仲裁委员会的支持。

　　而王某所主张的2007年12月1日至2009年5月31

日期间的仲裁请求,依照法律的规定需追加共同当事人,以某劳务派遣公司及某机床厂作为共同被申请人。因某劳务派遣公司未为其缴纳社会保险的情况查证属实,劳动争议仲裁委员会认定王某依据《劳动合同法》第三十八条中关于"用人单位有下列情形之一的,劳动者可以解除劳动合同:(三)未依法为劳动者缴纳社会保险费的"的规定,于2009年5月31日合法解除劳动关系,但王某只能获得一个半月工资作为解除劳动关系的经济补偿金,以及2007年12月1日至2009年5月31日期间未缴纳养老及失业保险的赔偿金。这样算下来,王某得到的赔偿会大打折扣。考虑到王某在某机床厂工作的时间较长,劳动争议仲裁委员会又对某机床厂做工作,最终在劳动争议仲裁委员会主持下双方达成了前文所述的调解协议,为这场争议画上了句号。

合作关系不是劳动关系

【基本案情】

谢某于 2007 年到某民办学校担任副校长职务,2009 年 7 月 16 日后谢某离开学校。谢某主张其与该学校存在劳动关系,每月工资 6000 元,某民办学校于 2009 年 7 月 16 日无故将其辞退,未支付其 2009 年 7 月 1 日至 16 日期间的工资 3000 元。故向劳动争议仲裁委员会申请仲裁,请求某民办学校:

1.支付未签订劳动合同的双倍工资 72000 元;

2.支付无故解除劳动合同的补偿金 12000 元;

3.支付无故解除劳动合同赔偿金 12000 元;

4.支付 2009 年 7 月 1 日至 7 月 16 日半个月工资 3000元。

庭审中,谢某提供学生家长的《证人证言》、《收据》、《印刷品收货确认单及收据》证明其与某民办学校存在劳动关系。某民办学校对上述证据均不予认可,认为证人未出庭作证,收据应当在学校保存,不应在谢某手中,对印刷品确认单及收据上学校的财务章有异议。

某民办学校主张谢某与学校校长曹某之间是个人合作关系,双方于 2007 年 12 月 3 日签订了《合作协议》,曹某仅按照双方的约定给付谢某合作费 1000 元,且不定期给付,双方不存在劳动关系。某民办学校提供《合作协议》、《合作补助签收单》予以证明。谢某对《合作协议》的真实性不认可,称不是本人签字,并申请笔迹鉴定。谢某对《合作补助签收单》中领取款项的签字认可,但对签收单中注明的日期不认可,称2008年的工资表日期应是2008年1月15日至1月30日,并申请对该日期进行笔迹添加鉴定。某民办学校提供的《合作协议》中约定谢某(甲方)与曹某(乙方)共同管理学校,谢某按照本协议约定分享利润并承担风险,谢某可按照每月1000元(合作补助800元及社保补助200元)的标准,自曹某处领取合作补助作为基本生活费用,可以适当自曹某处领取学校盈利的分红,但某民办学校创立初期应经过双方协商一致并得到曹某确认后拟定分配方式,甲方处有谢某的签字,乙方处有曹某的签字,签订日期为2007年12月3日。《合作补助签收单》的表头为工资表,显示谢某领取2008年1月15日至4月30日期间3000元和2009年3月1日至7月31日期间6000元。某民办学校主张为了方便故在工资表上发放谢某的合作补助费。

劳动争议仲裁委员会指定某科学技术鉴定研究所对《合作协议》中甲方处"谢某"签字进行鉴定,鉴定结论为:《合作协议》中甲方处"谢某"签名与样本中"谢某"签名是同一人书写。

【审理结果】

驳回谢某提出的仲裁请求。

【案件评析】

当事人对自己提出的仲裁请求所依据的事实或者反驳对方仲裁请求所依据的事实有责任提供证据加以证明。没有证据或者证据不足以证明当事人的事实主张的,由负有举证责任的当事人承担不利后果。本案中,谢某提供的证据均不能充分证明其与某民办学校存在劳动关系,且各证据存有瑕疵,亦不能相互印证形成完整的证据链。相反,某民办学校提供的证据能够充分证明谢某与曹某之间存在合作关系,谢某按照协议约定领取合作补助,且《合作协议》明确约定谢某不因此协议与某民办学校形成劳动关系。据此,谢某要求确认其与某民办学校存在劳动关系,不应得到支持。

本案的争议焦点在于谢某与学校是否形成劳动关系。某民办学校提供《合作协议》和《合作补助签收单》证明谢某与学校法定代表人曹某合作管理学校,曹某按照每月1000元的标准支付谢某合作补助,谢某与曹某系合作关系,双方并非是劳动关系。谢某虽不认可《合作协议》中的签字,但经某科学鉴定技术研究所鉴定,结论为《合作协议》中甲方(谢某)处"谢某"签字与样本中"谢某"签字为同一人书写,故说明《合作协议》具有真实性。根据协议书的约定,谢某与曹某共同管理某民办学校,并按约定分享利润并承担风险。谢某未提供证据反驳《合作协议》,也未提供有效的证据证明双方存在劳动关系。据此,谢某与曹某个人形成平等的合作关系,谢某与某民办学校并非形成劳动关系。因此,谢某以双方存在劳动关系,要求某民办学校支付其未签订书面劳动合同双倍工资差额、解除劳动合同经济补偿金、赔偿金及劳动报酬的请求,因缺乏事实及法律依据,没有得到劳动争议仲裁委员会的支持。

借调员工仍应与原用人单位
存续劳动关系

【基本案情】

马某于 2007 年 9 月 25 日与广州甲食品公司签订劳动合同,合同期限自 2008 年 1 月 1 日至 2009 年 12 月 30 日,任北京市场开拓主任,主要从事北京市场的开拓及销售工作。签订书面劳动合同后,马某便以广州甲食品公司的名义在北京市开拓其公司的水产品。

2008 年 11 月 14 日,北京乙食品公司经北京市工商管理部门注册成立,也在北京销售广州甲食品公司的水产品,并由广州甲食品公司向其公司供货。北京乙食品公司由于刚刚成立,且销售团队不成熟,便注意到广州甲食品公司的北京市场开拓主任马某,马某在北京开拓该产品一年有余,无论从工作能力、产品市场定位和对北京市场环境的熟悉,均符合其公司的需求,便向广州甲食品公司提出要求,并表示现在广州甲食品公司的水产品已均有北京乙食品公司代理销售,马某不宜在北京继续从事同类产品的销售工作。另外,表示希望能够借调马某到北京乙食品公司工作一段时间,协助北京乙食品公司开拓市场,管理销售团队。广州甲食品公司出于商业合作的角度考虑,同意了北京乙食品公司的要求,并同时向北京乙食品公司发出《介绍信》,其中说明:应贵司要求,现有我司员工马某到贵司报到,协助贵司开拓北京地区市场。届时,我司将马某在贵司外派期间的工资、福利等相关待遇按月转交贵司,烦请代为发放,并在当地办理社会保险。于是马某便到北京乙食品公司工作,但所有发生的人工成本等相关费用,均是由广州甲食品公司转交北京乙食品公司,再由北京乙食品公司代发工资、代缴社会保险。这样相安无事的度过了一年的时间。

2009年10月23日,马某突然向劳动争议仲裁委员会提出仲裁申请,认为北京乙食品公司没有与其签订书面劳动合同,工作中存在严重加班现象,因此提出辞职并要求北京乙食品公司支付:

1.2007年9月25日至2009年2月未缴纳的社会保险费2550元;

2.支付2007年9月25日至2009年8月未签订劳动合同的双倍工资140000元;

3.支付2007年9月至2009年8月双休日加班(100天)工资48183.56元;

4.支付离职补偿金7000元;5.支付2009年年假(5天)工资2415元。并称:北京乙食品公司就是由广州甲食品公司变更而来。

北京乙食品公司接到劳动争议仲裁委员会的应诉通知书后,立即联系广州甲食品公司,并向广州甲食品公司索要马某的劳动合同等文件以便应诉。

开庭审理时,北京乙食品公司出示了马某与广州甲食品公司的劳动合同书,和广州甲食品公司给北京乙食品公司的介绍信等证据,以此说明马某是广州甲食品公司出于商业合作的考虑借调到其公司协助开拓北京市场工作的,双方并不存在劳动关系。马某和广州甲食品公司也签订了书面劳动合同,并不存在未签订书面劳动合同二倍工资140000元等赔偿问题。马某也认可,其与广州甲食品公司的劳动合同并未办理解除或终止手续。

【审理结果】

马某未能向劳动争议仲裁委员会提供北京乙食品公司是由广州甲食品公司变更而来的证据,而北京乙食品公司则提供了马某与广州甲食品公司签订的劳动合同书,因此马某以北京乙食品公司作为被申请主体,提出的各项仲裁申请,缺乏事实及法律依据,劳动争议仲裁委员会不予处理。依法驳回了马某提出的仲裁申请。

【案件评析】

《劳动合同法》第十条规定:建立劳动关系,应当订立书面劳动合同。已建立劳动关系,未同时订立书面劳动合同的,应当自用工之日起一个月内订立书面劳动合同。同时该法第八十二条规定:用人单位自用工之日起超过一个月不满一年未与劳动者订立书面劳动合同的,应当向劳动者每月支付二倍的工资。由于北京乙食品公司并未直接与马某签订书面劳动合同,马某据此要求北京乙食品公司支付其未订立书面劳动合同二倍工资等相关待遇,表面上看似符合客观事实及法律规定,顺理成章。但本案首先需要分析的是,马某与广州甲食品公司和北京乙食品公司哪一家用人单位存在劳动关系,即马某如果一旦在劳动过程中发生劳资纠纷,应当以谁作为被申请主体提出仲裁申请。劳动争议仲裁委员会在审理此案的过程中发现,马某对于其在广州甲食品公司工作,签订有书面劳动合同,后到北京乙食品公司工作等诸多事实及其过程是非常清楚的。另外,根据北京乙食品公司提供的相关证据可以证实,马某确系该公司向广州甲食品公司借调的市场开拓人员,马某在劳动仲裁庭审过程中也予以认可,其与广州甲食品公司的劳动合同并未办理解除或终止手续。据此,劳动争议仲裁委员会认定马某与广州甲食品公司的劳动合同仍在存续期间,因此其借调至北京乙食品公司期间所发生的劳资纠纷,仍应由广州甲食品公司承担相应责任。

根据北京市劳动争议仲裁委员会的管辖规定,虽然马某的劳动合同关系仍归属于广州甲食品公司,但马某可以在北京市根据其劳动合同履行地向有管辖权的劳动争议仲裁委员会对广州甲食品公司提出仲裁申请。

不应以内部承包关系否认劳动关系

【基本案情】

职工刘某自 2008 年 2 月就职于某汽运公司工作,担任客车司机,接送某一大型公司职工上下班,每月固定工资 2150 元。每月休息 4 天,未签订劳动合同。2009 年 7 月底某汽运公司要求与刘某签订一份自 2009 年 8 月 12 日生效的劳动合同,刘某要求某汽运公司承认自 2008 年 2 月始即与公司存在劳动关系,某汽运公司不予认可,刘某一气之下,拒绝签订劳动合同,并提出辞职,后到劳动争议仲裁委员会提起申请,要求确认与某汽运公司自 2008 年 2 月至 2009 年 7 月存在劳动关系,并支付未签订劳动合同的双倍工资。

庭审中某汽运公司主张,我公司承包了某大型公司接送职工上下班的任务,此项业务又承包给几名公司的职工,因此刘某不受某汽运公司的直接管理。刘某实际上是在 2009 年 7 月份入职我公司,7 月份为一个月的试用期,试用期合格了,我公司要与刘某签订劳动合同,刘某拒绝签订,刘某索要双倍工资没有法律依据。

【审理结果】

劳动争议仲裁委员会审理后认为,某汽运公司将此项业务承包给职工,虽然有运营承包合同,但是这几名职工均是某汽运公司职工,且没有运营资质,工资仍由某汽运公司支付。因此认定某汽运公司在经营管理上实行承包制。刘某为证实与某汽运公司存在劳动关系,提供了某汽运公司发放的两个月工资表、值班表、保养记录、工作期间的表扬信件等,这充分证明了刘某与某汽运公司劳动关系的存在。裁决某汽运公司应支付刘某双倍工资差额。

【案件评析】

某汽运公司与职工签订的运营承包合同,法定代表人与职工签订的承揽合同均属企业内部承包合同,刘某不认可是受雇于承揽人员,某汽运公司、承揽人均不能提供有效证件证明刘某是受雇于承揽人的。根据刘某提供的证件,认定刘某在为某汽运公司提供劳动,接受管理,服从安排。双方存在劳动关系,故应支付刘某未签劳动合同双倍工资差额。

本案焦点是,因某汽运公司的内部经营承包合同,而否认刘某与某汽运公司劳动关系的理由是否成立。刘某自2008年2月起就从事某汽运公司承包下来的接送职工上下班业务。某汽运公司承包后,将此业务承包给职工,刘某并不知道内部承包的过程,只是按照某汽运公司的规章制度、管理要求及考勤制度付出劳动并领取固定报酬。而作为企业为加强管理、责任到人而实行了承包制,即某汽运公司承包了运营的业务,后又与职工承包,从而形成逐级承包。这种承包制管理在企业内部并无不妥。但是,依此事实推定与刘某不存在劳动关系则没有法律依据。

用人单位对员工的管理应依据《劳动合同法》的规定,确保与每一名员工签订书面劳动合同。事实证明,刘某与承包人(承揽人)并不存在任何雇佣关系。承包人(承揽人)、刘某在劳动过程中均受某汽运公司的管理。本案中某汽运公司将业务转包给不具有用工主体资格的个人,与刘某不能形成劳动关系,发生争议应以营业执照所载明的企业为被申请人。

否认劳动关系也难逃法律责任

【基本案情】

2008 年 12 月 8 日周某入职某文化传播公司,由于工作期间表现优异,被公司从部门主管提升为总监助理。工作期间周某多次向某文化传播公司提出签订书面劳动合同,但对方始终未同意。2009 年 11 月 15 日周某因交通事故需要治疗休息,他及时向某文化传播公司发电子邮件说明情况并请假。2009 年 11 月 23 日,某文化传播公司人事部主管回复邮件,内容为:正如韩老师和我在 2009 年 11 月 13 日与你面谈时提到的,因公司对你没有工作安排,你与公司的劳务关系在 2009 年 11 月 25 日终止。2009 年 11 月工资,人事部将按照你在 11 月的出勤记录发放(其中 11 月 13 日记为出勤)。2010 年 1 月 11 日,某文化传播公司向周某工资银行账户转存了 10016.38 元。2010 年 1 月 21 日,周某向劳动争议仲裁委员会提出仲裁申请,要求:

1. 支付未签订劳动合同的 11 个月双倍工资差额 133474 元;

2. 支付 2009 年 11 月工资 12134 元;

3. 支付违法解除劳动合同的 2 个月赔偿金 24268 元。

某文化传播公司认为,周某与其没有劳动关系。

【审理结果】

劳动争议仲裁委员会裁决:

1.某文化传播公司支付周某未签订劳动合同的二倍工资差额125607.83元;

2.某文化传播公司支付周某因违法解除劳动合同的赔偿金,即经济补偿标准的二倍22075.3元;

3.驳回周某的其他仲裁请求。

【案件评析】

本案争议焦点是周某与某文化传播公司是否存在劳动关系。

周某为了证明与某文化传播公司存在劳动关系,向劳动争议仲裁委员会提供了接收公司支付工资的银行账户的历史查询资料。某文化传播公司就此证据未发表质证意见,亦未在劳动争议仲裁委员会规定期限内提交书面质证意见,其应承担不利的法律后果。周某又提供了经过公证的某文化传播公司人事主管向其回复的电子邮件,某文化传播公司表示需要核实,也未在劳动争议仲裁委员会规定的期限内提出质证意见。某文化传播公司认为即使公证书是真实的,双方也是劳务关系,但他们不能提供劳务关系的相关证明材料。依据银行账户的转账记录、结合公司人事主管电子邮件的内容,劳动争议仲裁委员会认为2010年1月11日周某银行账户转账记录应为某文化传播公司支付的2009年11月工资。双方符合《关于确立劳动关系有关事项的通知》(劳社部发〔2005〕12号)第一条规定的情形,劳动争议仲裁委员会认定双方劳动关系成立,并确定双方劳动关系于 2009 年 11 月 25 日解除。周某解除劳动合同前 12 个月的平均工资为 11037.65 元。

某文化传播公司作为用人单位,应当规范企业用工管理制度,按照《劳动合同法》的相关规定与职工订立劳动合同,未与职工订立劳动合同应当承担不利的法律后果。依据《劳动合同法》第八十二条第一款的规定:用人单位自用工之日起超过一个月不满一年未与劳动者订立书面劳动合同的,应当向劳动者每月支付二倍的工资。某文化传播公司应当支付周某 2009 年 1 月 8 日至 11 月 25 日的二倍工资差额 125607.83 元。

某文化传播公司以向周某发出电子邮件的形式解除劳动关系,系单方解除劳动关系。用人单位单方解除劳动合同,应当符合《劳动合同法》的相关规定。某文化传播公司单方解除与周某的劳动合同,没有法定理由,故其行为已构成违法解除劳动合同。依据《劳动合同法》第四十七条、第四十八条、第八十七条之规定,某文化传播公司应当按照经济补偿标准的二倍向周某支付赔偿金。

项目承包不能排除劳动关系

【基本案情】

闫某称其于 2008 年 6 月 12 日进入某建筑公司位于××大厦项目部的工地,担任瓦工一职。自闫某入职起,双方未签订过书面劳动合同。闫某领取了某建筑公司的《出入证》,并在 2008 年 6 月 16 日签署了该建筑公司发放的《安全生产责任状》。某建筑公司对上述证据的真实性均予确认,并称××大厦的项目已发包给个人承包,闫某属于项目承包人雇佣的,与某建筑公司并不存在劳动关系。2008 年 11 月 6 日,闫某在该建筑公司的工地工作时受伤。此后,闫某一直进行治疗并要求某建筑公司为其申请工伤认定。某建筑公司否认与其存在劳动关系。闫某于 2008 年 12 月 23 日向劳动争议仲裁委员会提出仲裁申请。

【审理结果】

劳动争议仲裁委员会裁决确认闫某与某建筑公司存在劳动关系。

【案件评析】

首先,闫某提交了与某建筑公司签订的《安全生产责任状》及该建筑公司出具的《出入证》。这些证据的真实性均经某建筑公司确认。且闫某在该建筑公司承包的项目中提供劳动并服从该建筑公司的管理,从事用人单位安排的有报酬的劳动。根据上述证据,可以认定闫某与某建筑公司之间已具备《关于确立劳动关系有关事项的通知》(劳社部发〔2005〕12号)中关于确认劳动关系的相关要素。

其次,某建筑公司虽辩称闫某系项目承包人雇佣,但未能提供雇佣合同等相关证据证明。即便是确如某建筑公司所言,闫某受雇于项目承包人,可项目承包人是自然人,不具备合法的用工主体资格,自然不能作为劳动关系的一方主体。因此,对于某建筑公司否认与闫某存在劳动关系的主张,没有事实依据,无法采信。

综合以上两点,依据《关于确立劳动关系有关事项的通知》(劳社部发〔2005〕12号)的内容,闫某与某建筑公司之间符合劳动关系的基本特征,应确认闫某与建筑公司自2008年6月12日起存在劳动关系。

劳动者与无道路运输经营许可证的自然人之间不属于劳动关系

【基本案情】

潘某于2010年6月6日至2010年11月29日经人介绍驾驶一货车进行货物运输,2010年11月29日,潘某在工作时突发疾病,产生了大量的医疗费用。因此于2011年1月13日申请至劳动争议仲裁委员会,要求某运输队为其报销医疗费用。

潘某主张与某运输队存在劳动关系,并提交通信详单、北京市汽车维修行业汽车小修(保养)施工单(代结单)、机动车行驶证、运输证、工资表予以证实,并主张通信详单是与宋某的通话记录,自己系经人介绍被宋某雇佣驾驶货车,工作由宋某安排,工资由宋某发放。机动车行驶证、运输证均显示该货车所有人及运输单位为某运输队。

某运输队对通信详单、北京市汽车维修行业汽车小修(保养)施工单(代结单)、机动车行驶证、运输证、工资表的真实性均予以认可,但主张与潘某不存在劳动关系,并称潘某系经人介绍被宋某雇佣驾驶货车的,工作由宋某安排,工资由宋某发放,而使用的货车的实际所有人为宋某,与某运输队没有关联性。证人孙某和李某到庭为某运输队作证,证明孙某和李某介绍潘某为宋某开车。潘某对此予以认可。因宋某与本案有直接利害关系,故劳动争议仲裁委员会追加宋某为本案第三人。宋某到庭后,在庭审中主张货车的所有人为其本人,自 2010 年 6 月至 2010 年 11 月期间宋某雇佣潘某为其驾驶货车,潘某的工资由宋某支付,工资表是宋某制作,潘某工作由宋某安排。潘某对此予以认可。

【审理结果】

经劳动争议仲裁委员会调解,三方最终达成如下调解协议:

1. 潘某与某运输队存在劳动关系,双方于 2010 年 11 月 29 日协商一致解除劳动关系;

2. 宋某承担赔偿责任,由某运输队支付给潘某医疗补助费 12000 元;

3. 潘某自愿放弃其他申请请求。

【案件评析】

本案中潘某驾驶货车从事货物运输业务,其行驶证和运输证均为某运输队所有,依据《中华人民共和国道路运输条例》第二十五条之规定:货运经营者应当持道路运输经营许可证依法向工商行政管理机关办理有关登记手续。道路运输经营许可证,是单位、团体和个人有权利从事道路运输经营活动的证明,即从事货运企业经营时必须取得的前置许可,企业根据经营范围的不同视当地政策情况办理道路运输经营许可证,有此证的企业方可有营运的车辆,是车辆上营运证的必要条件。某运输队虽主张该货车实际所有人为宋某,潘某对此亦予以认可,但宋某作为无证照的自然人无权进行运输经营活动,而是以某运输队作为货物运输经营主体,宋某与某运输队实际属于个人承包经营的关系。依据《劳动合同法》第九十四条之规定:个人承包经营违反本法规定招用劳动者,给劳动者造成损害的,发包的组织与个人承包经营者承担连带赔偿责任。经劳动争议仲裁委员会了解情况后,向宋某和某运输队进行了协调,某运输队表示认可与潘某存在劳动关系,同时宋某表示愿意承担潘某医疗费用的赔偿责任,在劳动争议仲裁委员会的主持下,经三方协商一致,达成了调解协议。

法定代表人个人招用劳动者
系履行职责行为应担责

【基本案情】

杨某称 2009 年 3 月初在网上看到某货物运输公司发布的招聘信息,便应聘该公司货运司机兼装卸工一职,但双方没有签订书面劳动合同或者任何书面协议,仅口头约定每月工资 3200 元。2009 年 8 月 8 日杨某请事假回家,但某货物运输公司至 10 月底仍不结算 2009 年 7 月到 8 月的工资。据此,杨某向劳动争议仲裁委员会提出申请,要求某货物运输公司支付 2009 年 7 月 1 日至 8 月 8 日拖欠的工资 3600 元、2009 年 3 月 28 日至 2009 年 8 月 8 日未签订书面劳动合同应付二倍工资的差额 12800 元。

审理过程中,某货物运输公司的法定代表人袁某出庭并提出某货物运输公司从未招用过杨某,杨某系 2009 年 3 月 28 日袁某在网上以个人名义招用。杨某是为自然人袁某提供服务,双方口头约定月报酬 3200 元也由袁某个人支付给杨某。所以杨某并未与某货物运输公司建立劳动关系,其所申请主体不适格。此外,双方均未就 2009 年 3 月那则网络招聘信息提供相关证据。

经劳动争议仲裁委员会查实,某货物运输公司系一家从事货物经营运输服务的企业。2009 年 3 月 28 日起杨某开始驾驶该公司名下所属车辆工作,具体劳动内容为从事货品运输。但杨某未与某货物运输公司或袁某签订劳动合同或者任何书面协议。杨某提供劳动期间某货物运输公司也没有为杨某缴纳社会保险,报酬确实是由袁某以现金方式支付的。当年 8 月 8 日杨某因家中有事停止了工作。庭审中杨某提出 2009 年 4 月 28 日至 6 月实得工资为5500 元,而某货物运输公司则表示该公司有固定员工,但无工资表及考勤表。仲裁员在庭审时向某货物运输公司释明,希望他们就杨某的工资数额进行答辩。否则,一旦认定杨某与某货物运输公司存在劳动关系,将采信杨某对工资数额的主张,某货物运输公司仍未就杨某的工资数额进行答辩。

【审理结果】

裁决某货物运输公司支付杨某 2009 年 7 月 1 日至 8月 8 日的工资 3600 元及 2009 年 4 月 28 日至 2009 年 8 月 8日未签订书面劳动合同二倍工资差额 9100 元(5500 元 + 3600 元)。

【案件评析】

双方是否存在劳动关系是本案的争议焦点。首先我们要从法定代表人的内涵入手。依据《中华人民共和国民法通则》第三十八条之规定:依照法律或者法人组织章程,代表法人行使职权的负责人,是法人的法定代表人。而公司是指一般以营利为目的,从事商业经营活动或某些目的而成立的组织。由此可见,公司的民事活动是以营利为目的进行的,其法定代表人行使的职责也与此存在关联。本案中,虽某货物运输公司提出杨某系袁某个人招用的抗辩理由,但首先是杨某与袁某并未签订任何协议,其次根据杨某的运输工具系某货物运输公司所属车辆即生产资料系该公司提供、运输货物行为也与该公司经营内容相符的事实相印证,表明袁某招聘、使用、支付杨某报酬的行为系其基于某货物运输公司法定代表人履行职务的行为,所以,劳动争议仲裁委员会对某货物运输公司的抗辩理由不予采纳。依据《劳动合同法》第七条、第十条、第八十二条第一款之规定,某货物运输公司自招用杨某后以其公司名义工作并提供劳动,双方已建立劳动关系,应当自用工之日起一个月内订立书面劳动合同。因某货物运输公司违反法律规定,应向杨某每月支付二倍的工资差额。关于工资标准,由于仲裁员已经在仲裁庭上向某货物运输公司释明,要求他们就杨某的工资数额进行答辩,而某货物运输公司拒绝答辩,劳动争议仲裁委员会对杨某主张2009年4月28日至6月实得工资5500元的事实予以采信,支持了杨某请求中的合理部分。

第四部分　工资报酬

劳动者收取的"小费"不能计算
为工资标准

【基本案情】

申请人李某于 2010 年 3 月 20 日到某俱乐部从事高尔夫球球童工作,2010 年 9 月 30 日李某向某俱乐部提出辞职申请,并于 2010 年 11 月 25 日向劳动争议仲裁委员会提出仲裁申请,请求:

1. 补齐最低基本工资 853 元;

2. 支付因未签订劳动合同的双倍工资差额 5760 元。

某俱乐部辩称:球童用工的特殊性在于工资包含基本工资、出场费和小费,只要出场即会收到客人的小费,数额不等,而小费均由球童自己收取作为其个人收入,球童月收入均在两千元至五千元不等,故其要求俱乐部补齐其最低工资完全没有事实依据。俱乐部提出与李某签订劳动合同,但是李某不签,其要求俱乐部支付未签劳动合同的双倍工资无理无据。

【审理结果】

某俱乐部支付李某未签订劳动合同双倍工资差额 5760 元、低于北京市最低工资标准的工资差额 651 元。

【案件评析】

本案有两个争议焦点:客人给付球童的小费是否能够

作为球童的工资;劳动者拒绝签订劳动合同用人单位应如何处理。

一、客人给付球童的小费是否能够作为球童的工资。工资是指用人单位依据劳动合同的约定,以各种形式支付给劳动者的劳动报酬,发生主体是用人单位与劳动者。本案中,球童的小费是客人给付的,不属某俱乐部支付给李某的劳动报酬,显然不能视同工资。而本案中某俱乐部支付李某的基本工资及出场费个别月份未能达到北京市最低工资标准,故某俱乐部应当补足李某未能达到最低工资标准月份的工资差额。

二、劳动者拒绝签订劳动合同用人单位应如何处理。《劳动合同法实施条例》第五条规定:自用工之日起一个月内,经用人单位书面通知后,劳动者不与用人单位订立书面劳动合同的,用人单位应当书面通知劳动者终止劳动关系,无需向劳动者支付经济补偿。第六条规定:用人单位自用工之日起超过一个月不满一年未与劳动者订立书面劳动合同的,应当依照劳动合同法第八十二条的规定向劳动者每月支付两倍的工资,并与劳动者补订书面劳动合同;劳动者不与用人单位订立书面劳动合同的,用人单位应当书面通知劳动者终止劳动关系,并依照劳动合同法第四十七条的规定支付经济补偿。即劳动者拒绝签订劳动合同,自用工之日起超过一个月不满一年用人单位可以书面通知劳动者终止劳动关系,但应依照劳动合同法第四十七条的规定支付经济补偿。

本案中,在李某拒不签订劳动合同的情况下,某俱乐部既未在用工之日起一个月内书面通知李某终止劳动关系,也未在用工之日起一个月后向李某书面通知终止劳动关系并支付经济补偿,而是仍安排李某自 2010 年 3 月 20 日至 9 月 30 日在某俱乐部工作。因此,依据《劳动合同法实施条例》第六条之规定,某俱乐部应当向李某支付未签订劳动合同的双倍工资差额。

【建议】

用人单位招用劳动者,必须按法律规定订立书面劳动合同。双方应在劳动合同条款中,明确约定劳动者的劳动报酬等内容。用人单位支付劳动者工资应当按照规定的日期足额支付,并且不得低于最低工资标准。要注意的是劳动者的特殊津贴、加班工资、各项社会保险费及住房公积金等不能作为最低工资标准的组成部分,用人单位应按规定另行支付。

自形成劳动关系起的一个月内是用人单位告知劳动者签订劳动合同的最佳时期。在此期间,用人单位有义务书面通知劳动者与其签订劳动合同,如果劳动者不与用人单位订立书面劳动合同,用人单位就可以书面通知劳动者终止劳动关系并且没有支付劳动者双倍工资及经济补偿的义务。若超过一个月的宽限期,而在用工之日起超过一个月不满一年期间劳动者仍拒绝签订劳动合同的,用人单位仍可依照《劳动合同法实施条例》的规定与劳动者终止劳动关系,但需支付相应的经济补偿,同时支付劳动者双倍工资差额。

用人单位应对未编制工资
支付记录承担责任

【基本案情】

申请人李某、孙某同时提出仲裁申请,主张:李某于 2005 年、孙某于 2006 年到某建筑艺术公司工作,2009 年 9 月他们的劳动关系解除,期间某建筑艺术公司从未支付二人的工资。李某请求:

1.支付 2005 年 7 月 5 日至 2009 年 9 月 5 日的工资 1940533 元;

2.支付经济补偿金 256500 元。

孙某请求:

1.支付 2006 年 12 月 7 日至 2009 年 9 月 5 日的工资 1364000 元;

2.支付经济补偿金 180000 元。

某建筑艺术公司辩称:李某在公司的工作时间为 2007 年 4 月至 2008 年 11 月,工作期间的工资均已支付;孙某从未在公司工作过。

庭审中查实,李某与孙某系夫妻关系,某建筑艺术公司未与二人签订劳动合同。

李某与孙某提交了 2008 年 11 月出具给某银行北京分

行的《收入及职业证明》,其内容写明李某入职时间为 2005 年 7 月 5 日,2008 年税后月平均收入为 19000 元;孙某的入职时间为 2006 年 12 月 7 日,2008 年税后月平均收入为 20000 元。两份《收入及职业证明》均盖有某建筑艺术公司的公章,且经鉴定与某建筑艺术公司在工商部门备案的公章一致。某建筑艺术公司于 2009 年曾将李某诉至北京市某区人民法院,在该案审理中李某称于 2007 年 4 月开始与某建筑艺术公司合作。某建筑艺术公司提交一份有李某签字的录音记录,在该录音记录中李某称:"我们两个从最开始最初的承诺,2007 年 3 月份过来……2007 年我来之前,公司买电脑之前,陈总承诺我 20% 股份对吧"。某建筑艺术公司主张李某的月工资标准为 3000 元,但未能提交工资支付记录。

孙某称系由李某于 2006 年介绍到某建筑艺术公司工作。孙某在庭审中未提交《收入及职业证明》以外的证据,也未能说明其日常工作详情。

【审理结果】

某建筑艺术公司支付李某 2007 年 4 月至 2008 年 12 月期间的工资 399000 元、2009 年待岗期间的基本生活费 5125.35 元、解除劳动关系经济补偿金 11178.75 元,驳回李某的其他仲裁请求;驳回孙某的全部仲裁请求。

【案件评析】

一、裁决总体思路。上述两件劳动争议案件涉及劳动报酬时间跨度长,请求标的大,且劳动者与用人单位之前还涉及民事诉讼案件。从申请人方面来看,盖有某建筑艺术公司公章的《收入及职业证明》无疑是对其最有利的证据。但考虑到两位申请人系夫妻关系,按其主张及请求事项推断,这个家庭在 2006 年 12 月至 2009 年 9 月长达近 3 年的时间是没有任何劳动报酬收入的,这一推论明显有违常理。从用人单位来看,《北京市工资支付规定》第十三条规定:用人单位应当按照工资支付周期编制工资支付记录表,并至少保存二年备查。即用人单位反驳申请人证据、证明其主张的最直接的证据就是其工资支付记录,但审理中某建筑艺术公司却未能提交出其工资支付记录。

二、对李某工作年限及工资标准的认定。《收入及职业证明》是向某银行北京分行提供的,结合社会常识,一般该证明用于向银行申请购房贷款,其内容对于劳动关系情况的证明力不及劳动关系履行中形成的直接证据。某建筑艺术公司主张李某系 2007 年入职,有李某在诉讼案件中的陈述及其签字的证据能够证明。故综合上述情况,劳动争议仲裁委员会采信了某建筑艺术公司的主张,认定李某的入职时间为 2007 年。

由于某建筑艺术公司未能提交应由其掌握的工资支付记录,要承担举证不能的责任,故劳动争议仲裁委员会采信了李某称其工资标准为 19000 元及某建筑艺术公司未支付其工资的主张。

三、对孙某与某建筑艺术公司是否存在劳动关系的认定。

1.劳动争议仲裁委员会认定《收入及职业证明》对于劳动关系情况的证明力不足；

2.劳动争议仲裁委员会结合李某在诉讼案件中的陈述及其签字的证据认定李某于2007年入职，与孙某主张系由李某于2006年介绍到某建筑艺术公司工作相矛盾；

3.孙某在庭审中未提交《收入及职业证明》以外的证据，也未能说明其日常工作详情；

4.这个家庭在2006年12月至2009年9月长达近3年的时间没有任何劳动收入也不符合常理。

结合上述情况，劳动争议仲裁委员会最终没有认定孙某与某建筑艺术公司之间的劳动关系，驳回了孙某的全部请求。

【建议】

签订书面劳动合同、编制工资支付记录不仅是用人单位的法定责任，同样也是对用人单位权益的保护。在本案中，某建筑艺术公司未依法签订劳动合同和编制工资支付记录，如果不是用人单位能够提交民事判决书及有李某签字的证据，那裁决结果必将是某建筑艺术公司支付上百万的劳动报酬。而劳动合同的签订以及工资支付记录的编制则是用人单位可以主动去履行的。

在处理劳动争议案件中由用人单位出具给银行证明帮助劳动者申请贷款的情况也不少见，很多用人单位都主张出于职工申请更多贷款的要求，证明中写明的收入与工作年限往往要高于实际情况。用人单位这种开具虚假证明的做法,不仅违背了诚实守信的准则,影响了银行对贷款人信用度的审核,增加了金融机构信贷风险,并且由此带来劳动争议案件中的不利后果,也必然要由用人单位自行承担。希望所有用人单位引以为戒。

因个人原因辞职单位无需支付经济补偿

【基本案情】

许某于 2007 年 8 月到某出租汽车公司工作,任出租汽车驾驶员,双方签订了劳动合同书及车辆营运承包合同书,按劳动合同约定数额,出租汽车公司按月支付许某工资(2007 年 8 月至 2009 年 7 月期间为 730 元/月、2009 年 8 月至 2010 年 5 月期间为 800 元/月),按车辆营运承包合同书约定金额许某按月交纳营运任务定额,许某每月交纳营运任务定额后的营业收入与某出租汽车公司每月支付的工资两项之和至少 3000 元/月,2010 年 5 月 31 日许某以"年龄大了,工作吃力"为由提出辞职,同年 12 月 9 日许某向劳动争议仲裁委员会提出仲裁申请,请求:1.按北京市最低工资标准补足 2008 年 7 月至 2009 年 7 月期间工资差额 330 元;2.支付解除劳动合同经济补偿金 9000 元。

某出租汽车公司辩称:许某每月实得工资已超过北京市最低工资标准,如果因公司原因致使车辆停运,公司支付停运期间的工资,保证许某的工资不低于北京市最低工资标准,不同意许某补发工资的请求;许某因自身原因提出辞职,不同意支付解除劳动合同经济补偿金。

【审理结果】

驳回许某的全部仲裁请求。

【案件评析】

对于最低工资标准,以及出租汽车司机岗位的特殊性,及其劳动报酬的构成,需要从如下几个方面加以了解:

一、北京市对于最低工资标准的相关规定。为保证各行各业的劳动者在法定工作时间内,能够获得合理的劳动报酬,北京市规定了北京市最低工资标准。《北京市工资支付规定》第十条规定:用人单位应当遵守本市最低工资的规定,支付劳动者工资不得低于最低工资标准。最低工资标准在经济发展的基础上逐步提高。对于最低工资标准的组成问题,《北京市最低工资规定》第六条作出了规定:下列各项收入不计入最低工资标准:

1. 劳动者在国家规定的高温、低温、井下、有毒有害等特殊环境条件下工作领取的津贴;

2. 劳动者在节假日或者超过法定工作时间从事劳动所得的加班、加点工资;

3. 劳动者依法享受的保险福利待遇;(四)根据国家和本市规定不计入最低工资标准的其他收入。可以理解为,劳动者在法定时间内工作的劳动报酬(包括工资、奖金、补贴等各项收入)不得低于当地最低工资标准,个人负担的社会保险费和住房公积金以及在特殊工作环境的津贴,用人单位要另行支付,法定时间以外劳动者工作应得的加班加点工资,也不得计入最低工资标准,用人单位要另行支付。

二、出租汽车司机工资的特殊性规定。出租汽车行业与其他行业在与劳动者之间的关系问题上有一定的特殊性,出租汽车司机与用人单位之间受双重关系调整,一层是劳动关系,另一层是承包合同关系。在工资组成的问题上,出租汽车行业也区别于其他行业。《关于我市出租汽车行业有关最低工资问题的通知》规定:

1.在确定出租汽车司机与出租汽车公司之间的权利、义务关系时,由于双方签订的营运任务承包合同是劳动合同的附件,应当按照劳动合同和营运任务承包合同两个合同的内容确定双方权利、义务关系。

2.从出租汽车行业管理的现状出发,出租汽车司机的工资由两部分组成。一是劳动合同约定的出租汽车公司应支付给出租汽车司机的工资;二是营运任务承包合同约定的完成承包定额后的劳动报酬。企业是否违反北京市最低工资标准的规定,应当按照出租汽车司机上述两部分收入之和是否低于北京市最低工资标准确定。本案中,应以基本工资及交纳营运任务定额后的营运收入两项工资之和确定许某的工资是否达到最低工资标准。许某承认2008年7月至2009年7月期间两项收入之和至少3000元,所以要求补发工资的请求,未得到劳动争议仲裁委员会的支持。另外,许某是因为个人原因提出的辞职,相关的法律法规没有规定劳动者因为个人原因辞职,用人单位需要支付经济补偿金,故许某的这项请求也没有得到支持。

实行特殊工时制的岗位应报
劳动行政部门审批

【基本案情】

刘某于 2006 年 11 月到某商贸公司工作,岗位为驾驶员,工作内容是开班车,负责接送员工上下班,并承担 8 小时工作时间里接送领导外出办事的任务。没有工作任务时可以在司机休息室自行安排活动。2010 年 12 月,某地铁开通且正好在某商贸公司附近设立一站,某商贸公司认为员工上下班交通方便了,便取消了班车接送,也为领导安排了专车。刘某因公司的安排而被迫解除了劳动合同,某商贸公司按法律规定支付了刘某解除劳动合同经济补偿金。刘某与某商贸公司协商要求公司支付四年多的加班工资,刘某认为其为了班车每天能够按时到达接送地点,每天早上 6 点就要从家里出发,晚上要 7 点才能到家,某商贸公司安排正常工作时间为早 8 点至下午 5 点,刘某每天加班 4 小时,但某商贸公司不同意他的要求,刘某向劳动争议仲裁委员会提出申请,请求某商贸公司支付 2006 年 11 月至 2010 年 12 月期间加班费 32680 元。

某商贸公司辩称:刘某虽然开班车比其他员工工作多出 4 小时,但实际每天工作时间并不满 8 小时,除早晚班车外和接送领导外，其他工作时间刘某可自行安排时间，还能睡觉或娱乐。故刘某不存在加班情况。

【审理结果】

某商贸公司支付刘某 2006 年 11 月至 2010 年 12 月期间的超时加班费。

【案件评析】

我国的工时制度分为标准工时制度、综合计算工时工作制度和不定时工作制度三类。标准工时制度为每日工作时间不超过八小时、平均每周工作时间不超过四十小时。原劳动部《关于企业实行不定时工作制和综合计算工时工作制的审批办法》中对实行综合计算工时工作制的人员进行了严格的规定：交通、铁路、邮电、水运、航空、渔业等行业中因工作性质特殊，需连续作业的部分职工；地质及资源勘探、建筑、制盐、制糖、旅游等受季节和自然条件限制的行业的部分职工；其他适合实行综合计算工时工作制的职工。可以实行不定时工作制的员工必须符合企业中的高级管理人员、外勤人员、推销人员、部分值班人员和其他因工作无法按标准工作时间衡量的职工；企业中的长途运输人员、出租汽车司机和铁路、港口、仓库的部分装卸人员以及因工作性质特殊，需机动作业的职工；其他因生产特点、工作特殊需要或职责范围的关系，适合实行不定时工作制的职工。同时规定了企业需实行特殊工时制度的，除规定情形外必须报经劳动行政部门审批同意。本案刘某在 8 小时内的工作比较弹性，且有较多的空闲时间可以休息,这是否符合实行不定时工作制的条件呢?

《北京市企业实行综合计算工时工作制和不定时工作制的办法》第十一条规定:不定时工作制是指因企业生产特点、工作特殊需要或职责范围的关系,无法按标准工作时间安排工作或因工作时间不固定,需要机动作业的职工所采用的弹性工时制度。《北京市工资支付规定》第十七条也规定了:用人单位经批准实行不定时工作制度的,任何时间均不视为加班,企业也不需支付加班工资。但是,此类问题的关键是,企业需实行特殊工时制度的,必须按照原劳动部《关于企业实行不定时工作制和综合计算工时工作制的审批办法》的规定,报经劳动行政部门审批同意,办理审批手续,才可以执行这一特殊工时制度。未经审核批准的,即使工作岗位符合实行特殊工时制度的条件,也应按标准工时制执行。由此可见,某商贸公司没有经过劳动行政部门审批就实行不定时工作制,只能承担败诉的结果。

用人单位安排劳动者加班应依实际情况支付加班费

【基本案情】

刘某于2008年1月到某公交公司担任司机工作,双方签有劳动合同,劳动合同中约定刘某的月工资标准不低于北京市最低工资标准。刘某在正常工作的情况下,每工作两天休息一天,工作两天共出车5趟,每趟的规定时间为207分钟,每次出车之间均有一定的时间间隔。刘某在某公交公司实际工作至2009年12月。刘某主张其在某公交公司工作期间每天平均工作14小时,每月超时工作100余小时,某公交公司未向其支付加班工资。刘某据此要求某公交公司支付2008年1月至2009年12月的超时加班工资20000元。

某公交公司辩称:刘某只存在个别时间超时工作的情况,且公司已足额支付其加班工资。

另查:某公交公司经劳动和社会保障行政部门批准,对司机、售票员等实行综合计算工时工作制。

【审理结果】

某公交公司向刘某支付2008年1月至2009年12月超时加班工资3744元。

【案件评析】

何谓加班？加班是指在用人单位安排下劳动者在标准工作时间以外工作的情形。加班工资是指用人单位依法安排劳动者在标准工作时间以外工作应当支付的劳动报酬。

加班应当以实际的工作内容作为认定的依据。本案中，经劳动和社会保障行政部门批准，刘某所在岗位实行综合计算工时工作制。某公交公司安排刘某每工作2天休息1天，刘某工作日平均出车2.5趟，每次出车之间均有一定的时间间隔，刘某将其每天初次出车到最后出车的时间全部记做工作时间，显然与事实不符。某公交公司规定每趟的完成时间为207分钟，由于在途时间的长短与天气、路况、客源及奖励机制等因素相关，每趟车的完成时间便带有不确定性，有时可能提前到达，有时则可能延时到达。现刘某并无证据证明某公交公司规定的完成时间违背了正常的运营规律，故上述完成时间应作为计算刘某实际工作时间的依据，依此计算，刘某每月平均超时工作5.86小时。故劳动争议仲裁委员会认为某公交公司应以此为依据，向刘某支付2008年1月至2009年12月超时加班工资3744元。

单位这样要求加班违反法律规定

【基本案情】

王某于 2004 年 2 月到某建设公司工作,双方签有劳动合同。2010 年 5 月 19 日某建设公司一施工工地发生自来水和燃气泄漏事故,导致市政各部门断路抢修,严重影响事故所在地附近交通出行和供水供气。某建设公司于 2010 年 5 月 20 日张贴会议通知,内容为 2010 年 5 月 23 日下午 3:00 - 6:00 召开安全工作部署大会,要求公司全体员工必须到会。2010 年 5 月 23 日下午 5:00 王某离开会场去幼儿园接孩子,于 5:50 分返回单位,并将孩子带入会场。2010 年 6 月 3 日某建设公司以王某私自离开单位,将孩子带入会场,严重违反规章制度,造成恶劣影响为由,通知王某解除劳动关系。王某主张 5:00 为下班时间,某建设公司利用下班时间开会,属强迫加班的行为,其有权拒绝加班,但考虑到会议的重要性,其接到孩子后马上返回单位,因孩子年幼,只得带入会场方便照顾,因此不同意某建设公司对其作出的解除劳动合同的决定。王某向劳动争议仲裁委员会提出仲裁申请,要求某建设公司支付:违法解除劳动合同的赔偿金 72800 元。

某建设公司辩称:因发生重大安全责任事故,公司紧急召开安全工作部署大会,要求全员参加,通报事故情况,强化安全生产意识,明确安全生产责任制。并且公司已提前三日将会议时间向员工公示,王某应提前对孩子进行妥善安置,其擅离单位,将孩子带入会场的行为,给公司造成了恶劣影响。因此,公司以此为由与其解除劳动合同并无不当,不同意其申请请求。

【审理结果】

经劳动争议仲裁委员会调解,双方最终达成如下调解意见:1.双方协商一致于 2010 年 6 月 3 日解除劳动合同; 2.某建设公司于调解书生效之日起五日内,支付王某解除劳动关系的经济补偿金 36400 元。

【案件评析】

哪种情况下用人单位可以安排加班? 劳动者能否拒绝加班? 一、用人单位可以安排加班的情形。《劳动法》第四十一条规定:用人单位由于生产经营需要,经与工会和劳动者协商后可以延长工作时间,一般每日不得超过一小时;因特殊原因需要延长工作时间的,在保障劳动者身体健康的条件下延长工作时间每日不得超过三小时,但是每月不得超过三十六小时。因此用人单位安排劳动者加班不能超过法律规定的时间。同时在《中华人民共和国劳动法》第四十二条和原劳动部《劳动部贯彻〈国务院关于职工工作时间的规定〉的实施办法》中规定了,用人单位可以安排劳动者加班,不受第四十一条规定限制的情形。

1.发生自然灾害、事故或者因其他原因,威胁劳动者和人民的安全健康和国家财产安全,需要紧急处理;

2.生产设备、交通运输线路、公共设施发生故障、影响生产和公众利益,必须及时抢修;

3.必须利用法定节日或公休假日的停产期间进行设备检修、保养的;

4.为完成国家紧急任务,或者完成上级在国家计划外安排的其他紧急生产任务以及商业、供销企业在旺季完成收购、运输、加工农副产品紧急任务等情况;

5.法律法规规定的其他情形。在上述情况下,劳动者不得拒绝加班。

本案中,某建设公司在发生重大施工事故后,就安全施工问题召开安全部署大会,看起来似乎是符合了法律的规定,但是召开紧急安全施工问题的大会毕竟不同于抢险救灾本身,不应属于《劳动法》规定的必须加班的情形。

二、劳动者能否拒绝加班。《劳动法》和原劳动部《劳动部关于贯彻〈国务院关于职工工作时间的规定〉的实施办法》中规定:任何单位和个人不得擅自延长职工的工作时间,不得违反法律规定延长劳动者的工作时间。因此对于用人单位违反法律、法规规定强迫劳动者延长工作时间的,劳动者有权拒绝。随着法制化进程的加快,人民群众法律意识的提高,越来越多的劳动者会运用法律武器拒绝强制加班。本案中某建设公司的行为不符合法律规定的劳动者必须加班的情形,劳动争议仲裁委员会组织双方当事人进行了多次调解。既对某建设公司提出了能否更人性化安排会议时间的建议,又指出了王某擅离会场,将孩子带入会场的不当之处,终于促成双方达成调解,化解了双方的矛盾。

劳动者不能要求与其他企业
同岗位实行同工同酬

【基本案情】

刘某于 2009 年 3 月 10 日入职北京市某区的 A 劳务派遣公司,双方签订了终止日期为 2010 年 2 月 28 日的劳动合同。合同签订后,刘某被 A 劳务派遣公司派遣至同样位于某区的 B 啤酒公司担任装卸工。2010 年 1 月 13 日,刘某与 B 啤酒公司就工作问题产生分歧,并因此提出辞职。

2010 年 2 月,刘某向劳动争议仲裁委员会提出申请,要求:

1.认定其与 A 劳务派遣公司所签订的劳动合同为无效合同;

2.要求 B 啤酒公司支付其经济补偿;

3.要求与位于北京市另一区的 C 啤酒公司的装卸工岗位同工同酬,由 B 啤酒公司补发差额工资。

审理中,刘某主张 A 劳务派遣公司应与其签订不少于两年的劳动合同,因 A 劳务派遣公司与其签订的劳动合同期限少于一年,故该合同无效;刘某称北京市另一区的 C 啤酒公司装卸工月工资为 7000 元,其本人月工资仅为 2000 元,要求补发每月 5000 元的差额部分;刘某称因与 B

啤酒公司产生分歧致使其提出辞职,故要求该公司支付其解除劳动合同经济补偿。A劳务派遣公司主张劳动合同的期限并不影响劳动合同实际的履行,不同意认定无效,该公司同意就经济补偿争议承担法律责任,但认为刘某辞职理由不充分,不同意支付。B啤酒公司认为刘某要求与C啤酒公司装卸工同工同酬的请求并无依据,不同意支付工资补差,亦不同意支付经济补偿。

【审理结果】

经过劳动争议仲裁委员会调解,三方达成一致意见:

1.A劳务派遣公司支付刘某解除劳动合同的经济补偿金;

2.刘某放弃其他申请请求。

【案件评析】

本案涉及劳务派遣合同的特殊性及劳动合同的效力认定问题,涉及到劳务派遣员工同工同酬的指向性问题,涉及解除劳动合同的经济补偿问题。

首先,刘某要求认定其与A劳务派遣公司的劳动合同无效问题。《劳动合同法》的普遍性规定中,并未对劳动合同期限作出具体限定,但在特别规定的章节中,对劳务派遣作出最短合同期限的规定,第五十八条第二款规定:劳务派遣单位应当与被派遣劳动者订立二年以上的固定期限劳动合同,按月支付劳动报酬。A劳务派遣公司仅与刘某签订了2009年3月10日至2010年2月28日的劳动合同,明显违反法律规定,那是否应当据此认定合同无效呢?

《劳动合同法》第二十六条中规定了导致劳动合同无效或部分无效的情形，A劳务派遣公司与刘某的劳动合同期限确属违反法律、行政法规强制性规定，但劳动合同的期限违法，并未影响其他部分的实际履行，故该合同属于部分无效的劳动合同。劳动者可对部分无效的劳动合同提出变更申请，如刘某可提出变更合同期限至二年的仲裁申请，但其在合同期限未满前已经提出辞职，并向劳动争议仲裁委员会提出要求支付经济补偿的申请，双方劳动合同已无继续履行的可能，劳动争议仲裁委员会已无法裁决变更合同，亦无法仅因期限违法认定劳动合同全部无效。

其次，同工同酬的指向性问题。同工同酬的立法本意是解决目前劳务派遣领域中对劳务派遣工进行身份歧视的问题，劳务派遣工与用工单位的劳动者从事相同的工作，但工资待遇相差较大，明显不符合公平性原则。《劳动合同法》第六十三条规定：被派遣劳动者享有与用工单位的劳动者同工同酬的权利，用工单位无同类岗位劳动者的，参照用工单位所在地相同或相近岗位劳动者的劳动报酬确定。刘某被派遣至B啤酒公司担任装卸工，工作地点在某区，但其要求同工同酬的对象既非B啤酒公司的装卸工，亦非本区内相同或相近岗位的劳动者，而是位于北京市另一区的C啤酒公司，其请求指向明显缺乏法律依据。京郊各区县经济发展水平存在差异，各区县劳动者的工资水平亦存在差异，B啤酒公司与C啤酒公司虽属同类企业，但不属法律规定的同工同酬比较对象。刘某的同工同酬申请,应当指向 B 啤酒公司所属的装卸工,比较其本人与该公司劳动者之间的工资差距,从而提出申请,现其请求无法律依据,无法得到支持。

最后,经济补偿问题。刘某虽被派遣至 B 啤酒公司工作,为该公司提供劳动,但其与 A 劳务派遣公司签订劳动合同,由 A 劳务派遣公司支付其工资,为其缴纳保险,其劳动关系隶属于 A 劳务派遣公司。劳动关系的主体才能作为经济补偿的支付方,B 啤酒公司作为实际用工单位,与刘某之间不存在劳动关系,刘某在与 B 啤酒公司产生纠纷后,应向 A 劳务派遣公司进行汇报,由两家公司协商解决,在解决不能的情况下,其提出辞职的对象也应为 A 劳务派遣公司,而非 B 啤酒公司。刘某在辞职后,要求 B 啤酒公司支付其经济补偿,其请求主体明显错误,但因 A 劳务派遣公司明确表示同意就经济补偿争议承担法律责任,为该案最终调解解决提供了契机,最终三方握手言和。

值守岗位延时工作时间不等于加班时间

【基本案情】

刘某于 2006 年 12 月 5 日到某宾馆工作,双方于 2007 年 8 月 24 日签订了劳动合同,约定其岗位为电工,加班工资基数为每日 40 元,每月工资 1050 元,合同期限至 2010 年 8 月 24 日终止。刘某的工作内容为配电室值班和综合维修,工作时间为早上 8 点至第二天早上 8 点,每班上 24 小时,休息 48 小时。2008 年 8 月开始,某宾馆对电工岗位实行综合计算工时工作制度,并经过了劳动行政部门的审批。某宾馆实行下发薪,自 2008 年 7 月起每月另外发放刘某加班费 160 元。某宾馆支付了刘某 2009 年未休年假的补偿 276 元。刘某于 2010 年 10 月 19 日向劳动争议仲裁委员会申请仲裁,请求:

1. 要求某宾馆补签 2006 年 12 月 5 日至 2007 年 8 月 23 日期间的劳动合同;

2. 支付 2007 年 8 月至 2010 年 9 月期间的加班工资;

3. 支付 2007 年 10 月至 2009 年 12 月期间法定节假日和年假加班工资共计 1828.86 元。

庭审中,刘某主张在某宾馆工作期间从早上 8 点工作至第二天早上 8 点,每小时填写一次值班记录,吃饭的时候两个人倒班,某宾馆不允许其休息和睡觉,其工作期间存在延时加班共计 2981.19 小时,法定节假日加班共计 80 小时。

　　某宾馆表示其配电室有两名工作人员一起值班,刘某与另外一名员工两人倒班吃饭和休息,且配电室配有一张单人床,让员工休息和睡觉,刘某每班工作 16 小时,并不存在加班的情况,并提供《配电室考勤制度》予以证明。刘某认可其与另外一名员工一起值班,配电室配有一张单人床,但称某宾馆不允许其睡觉。

【审理结果】

　　1.宾馆支付刘某 2009 年带薪年休假工资差额部分 248.1 元;

　　2.驳回刘某的其他仲裁请求。

【案件评析】

　　首先,值守岗位的工作时间如何认定? 其次,综合计算工时制的岗位如何计算工作时间? 根据《关于企业实行不定时工作制和综合计算工时工作制的审批办法》第五条的规定:企业对符合下列条件之一的职工,可实行综合计算工时工作制,即分别以周、月、季、年等为周期,综合计算工作时间,但其平均日工作时间和平均周工作时间应与法定标准工作时间基本相同。

　　(一)交通、铁路、邮电、水运、航空、渔业等行业中因工作性质特殊,需连续作业的职工;

　　(二)地质及资源勘探、建筑、制盐、制糖、旅游等受季节和自然条件限制的行业的部分职工;

(三)其他适合实行综合计算工时工作制的职工。企业实行综合计算工时工作制需经劳动行政部门依法审批后方能执行。实行综合计算工时工作制的企业,在综合计算周期内,劳动者的实际工作时间的总数不超过该周期的法定标准工作时间总数,即不构成加班,如果超过该周期的法定标准工作时间总数,超过部分应视为延长工作时间,企业应按照工资标准的 150% 支付延时加班工资。

本案中,某宾馆对刘某的岗位实行综合计算工时工作制,并经劳动行政部门审批,刘某的岗位实行上 24 小时,休 48 小时。刘某连续工作 24 小时,不能简单的认定其 24 小时均处于工作状态,应结合其岗位特点,在除维修工作和记录的情况下,其均属于值守状态。刘某与另外一人同时值班,配电室配备了单人床,说明某宾馆允许配电室值班人员可以轮流休息,故劳动争议仲裁委员会对某宾馆主张配电室值班人员可以倒班休息的陈述予以采纳。根据刘某工作岗位的特点,参照原电力工业部《关于印发〈电力劳动者实行综合计算工时工作制和不定时工作制实施办法〉的通知》(电人教〔1995〕335 号)的规定,电力劳动者实行国家规定的工作时间标准。针对电力企业特点,可分别实行以月、季、年为周期的综合计算工时工作制或不定时工作制。需要昼夜不间断作业的劳动者,实行轮班工作制度;需要集中作业的劳动者,实行集中工作、集中休息或轮换调休等工时制度。但全年月平均工作时间不超过 172 小时。同时附件中说明了"2.110kV(66kV)中型及以下变电站运行人员在保证安全生产的情况下,夜间可休息,每值(值一昼夜班)有效工时最低按17小时计算",劳动争议仲裁委员会确认刘某每班有效工时应为17小时。综合刘某2008年9月至2010年9月期间的实际工作时间虽超过法定标准工时,但某宾馆每月支付刘某160元加班工资,已超过其法定标准工时的延时加班工资,并且某宾馆也已经支付刘某上述期间法定节假日加班工资,故刘某要求某宾馆支付其2008年8月至2010年9月期间延时加班工资和法定节假日加班工资的请求,劳动争议仲裁委员会不予支持。刘某主张2007年3月至2008年7月期间延时加班和法定节假日加班工资部分,参照《最高人民法院关于审理劳动争议案件适用法律若干问题的解释(三)》(法释〔2010〕12号)第九条的规定,劳动者主张加班费的,应当就加班事实的存在承担举证责任。刘某未能提供有效证据证明其上述期间具体出勤情况,无法证明其上述期间存在延时加班和法定节假日加班,故劳动争议仲裁委员会不予支持。

女职工三期期间单位擅自调岗降薪其行为违法

【基本案情】

张女士是某公司的员工，2005年入职该公司并与之订立了三年期书面劳动合同，约定她从事行政主管工作，月工资为3,000元。2006年4月，张女士怀孕并将此事告知了公司，此后她仍正常上班。5月，张女士收到公司的调岗通知书，该通知书的主要内容为，公司认为张女士在工作期间的表现不符合岗位职责要求，经公司决策层讨论决定，给予岗位调整，现调动其为行政文员，根据新的岗位调薪至1,800元。

张女士认为公司擅自变更劳动合同，在她怀孕期间调岗，降低工资待遇，严重损害了她的合法权益，于是向劳动争议仲裁委员会申请劳动仲裁。要求公司撤销调岗降薪决定，按原工资标准支付至仲裁结束期间工资差额。公司未能提供证据证明张女士不符合其工作岗位的要求。

【审理结果】

撤销公司调岗降薪决定，按原工资标准支付至仲裁结束期间工资差额。

【案件评析】

劳动合同是劳动者与用人单位确立劳动关系,明确双方权利义务的协议。根据《劳动合同法》第三条第二款和第十六条的规定,劳动合同由用人单位与劳动者协商一致,并经用人单位与劳动者在劳动合同文本上签字或者盖章生效。因此,劳动合同一经依法订立,即具有法律约束力,双方必须严格履行,任何一方不得随意变更劳动合同约定的内容。要变更劳动合同约定的内容,用人单位与劳动者之间必须遵循平等、自愿、协商一致的原则。一方当事人未经另一方当事人同意任意改变合同内容的,在法律上是无效行为,变更后的内容非经另一方的追认,对该方没有约束力,而且这种擅自变更劳动合同的做法本身就是一种违约行为。本案中,某公司在没有证据证明张女士工作期间的表现不符合岗位职责要求的情况下,擅自对其工作岗位进行调整且降低其月薪。公司作出的这一调岗降薪决定,显然违反了《劳动法》第十七条,《劳动合同法》第二十九条、第三十五条第一款的规定,应当予以撤销。由于公司没有正当理由调整张女士的工作岗位,造成张女士工资待遇降低,公司应当弥补其工资损失。

此外,《女职工劳动保护规定》第四条规定:不得在女职工怀孕期 产期 哺乳期降低其基本工资,或者解除劳动合同。张女士在怀孕期内,公司降薪的做法显然也违反了《女职工劳动保护规定》。

妇女担任着人类自身繁衍的责任。不可否认,女职工在怀孕期期间,由于怀孕后要定期检查、不能过于劳累,要生孩子、喂养孩子,确实在一定程度上会影响正常工作。对于用人单位来说,雇用女性的平均成本要高于男性,这是客观存在的事实。但是,用人单位不能只顾眼前的经济利益,而忽视女职工的合法权益。关爱女职工特别是处在孕期、产期和哺乳期的女职工,不仅是一个社会道德要求,也是一个法律义务。因此,用人单位应树立以人为本的理念,胸襟应更广阔一些,多给予女职工特别是处在孕期、产期和哺乳期女职工的人文关怀。这无论是从法理的角度讲,还是从情理的角度讲,都是应该这样做的。

劳动者应就主张的加班事实
承担举证责任

【基本案情】

张某于 2009 年 4 月 10 日入职北京市某小学,从事的岗位为保洁员,每月工资按北京市最低工资标准以现金的形式发放。张某称其在职期间,只要有自习课,张某就要加班。为此,张某曾向北京某小学表示,要么支付加班工资,要么减少加班现象。单位向张某表示,会补足加班工资,但直至张某离职时仍未支付。故 2010 年 7 月 1 日张某向劳动争议仲裁委员会申请仲裁,请求:支付 2009 年 4 月 10 日至 2010 年 6 月 20 日延时加班费 2000 元。

庭审中,北京某小学向劳动争议仲裁委员会提交了张某的考勤记录,该考勤未显示张某存在延时工作情况,北京某小学不同意支付张某加班工资。张某没有提供其存在加班的相关证据。

【审理结果】

经劳动争议仲裁委员会调解,双方最终达成如下调解意见:

1. 北京市某小学支付张某延时加班费 1500 元;
2. 张某自愿放弃其他仲裁请求。

【案件评析】

本案虽然调解解决,但所反映出的有关加班事实的举证责任问题值得关注。本案中张某主张自己存在加班事实,但却不能提供相关证据。对于加班事实的举证责任归属,2010 年 9 月 14 日开始施行的《最高人民法院关于审理劳动争议案件适用法律若干问题的解释(三)》第九条规定:劳动者主张加班费的,应当就加班事实的存在承担举证责任。但劳动者有证据证明用人单位掌握加班事实存在的证据,用人单位不提供的,由用人单位承担不利后果。在实际工作过程中劳动者都可能存在加班的情形,但作为被管理者,能够证明加班事实的书面证据一般由作为管理者的用人单位所持有,劳动者通常也不会注意留存相关的证据,因此劳动者很难取得可以证明加班事实的证据。但是,就加班工资的举证责任来说,依照相关的司法解释,还是应当由劳动者负举证责任,而不能实行举证责任倒置。本案中北京某小学提交了张某的考勤记录,张某予以认可,但该考勤未显示出张某存在延时加班的情况,张某应就其主张的加班事实承担举证责任,如果不能举证证明所主张的事实,需承担不利后果。本案如果不是调解解决,张某的请求很难得到劳动争议仲裁委员会的支持。

实行综合工时工作制不得超过法定工作时间

【基本案情】

员工张某主张其于 2008 年 4 月 17 日到某公司从事库管员工作,在该公司工作期间,平时每天加班 4 小时,共计延时加班 1503 小时、休息日加班 166 天、法定假日加班 8 天,该公司未支付其加班工资。其要求某公司支付 2008 年 4 月 17 日至 2010 年 1 月 22 日期间 1503 小时延时加班工资、166 天休息日加班工资、8 天法定节假日加班工资。

某公司库管员岗位自 2008 年 4 月 1 日起实行综合计算工时工作制,计算周期为半年,有效期一年,并经过当地劳动行政部门审批。

某公司提供的《工资表》记载:2008 年 4 月至 9 月期间,张某出勤天数分别为:27 天、27 天、29 天、30 天、30 天、29 天。2009 年 10 月至 2010 年 1 月 22 日期间,张某出勤天数分别为:31 天、30 天、31 天、22 天。张某于 2010 年 1 月 22 日提出离职,于 2010 年 2 月 1 日到劳动争议仲裁委员会申请仲裁。

【审理结果】

支持了张某一部分加班费的仲裁请求。

【案件评析】

一、用人单位实行综合计算工时工作制的,劳动者要求支付加班工资时,应首先审查用人单位实行特殊工时是否经过当地劳动行政部门审批。若经过当地劳动行政部门的审批,可以按照特殊工时执行,若未经过审批,即使双方在劳动合同中有约定,也不能按照特殊工时执行,而应按标准工时执行。本案中,某公司于2008年4月起实行综合计算工时工作制。

二、根据原劳动部《关于贯彻执行〈劳动法〉若干问题的意见》62的规定,实行综合计算工时工作制的企业职工,工作日正好是休息日的,属于正常工作。即用人单位实行综合计算工时工作制期间,劳动者要求支付休息日加班工资,不予支持。

因此,对张某要求支付休息日加班工资的请求,不予支持。

三、自2008年4月1日起,某公司实行综合计算工时工作制,具体加班工资计算方法为:在综合计算工时周期内,先计算劳动者的总实际出勤时间,再计算出总标准工作时间,然后用总实际出勤时间和总标准工作时间去比较,只有劳动者总实际出勤时间超过总标准工作时间的部分,才视为延长工作时间,按延时加班支付加班工资。

张某没有提供在法定节假日加班的证据,故对其相关的仲裁请求未予支持。

第五部分　社会保险

工伤职工的劳动关系不得随意变更

【基本案情】

沈某,男,于 2004 年 4 月 14 日与某物业管理公司签订为期五年的劳动合同,在公司从事物业管理工作。2007 年 8 月 14 日 12 时 30 分,沈某在疏通物业大楼污水管道的工作时,发生沼气中毒事故,致使沈某受伤。经医院抢救治疗,脱离生命危险,后被诊断为沼气中毒、肺部感染、头部软组织损伤、中毒性脑病。2008 年 7 月 23 日经某区劳动和社会保障行政部门认定为因工受伤。2008 年 12 月 22 日经区劳动能力鉴定委员会鉴定为伤残四级。在沈某尚未完成工伤认定和评定伤残等级时,某物业管理公司突然于 2008 年 5 月 2 日通知沈某终止了与他的劳动合同,改由另一家劳务派遣公司与其签订劳动合同,并且在接到工伤认定书和伤残等级通知书后,拒绝向沈某支付工伤保险待遇。为此,沈某将某物业管理公司告到仲裁庭,要求某物业管理公司:

1.支付一次性伤残补助金 32940 元;

2.按月享受四级伤残待遇,每月支付伤残补助津贴 1353.7 元;

3.补发 2009 年 1 月至 4 月的伤残津贴 5414 元以及 25% 经济补偿金 1353.75 元;

4.支付劳动能力鉴定费 200 元;

5.支付工伤检查费、医疗费共计 2498.2 元。

【审理结果】

在庭审过程中,某物业管理公司称对劳动鉴定等级不服,已申请再次鉴定,因此未支付其待遇,但未提供相关的证据。依据《工伤保险条例》的有关规定,经仲裁庭审理,结果为:

1.某物业管理公司向沈某支付一次性伤残补助金32940 元;

2.按月支付伤残津贴 1353.75 元;

3.支付劳动能力鉴定费 200 元;

4.支付工伤检查费、医疗费 2298.2 元;

5.支付 2009 年 1 月至 4 月伤残津贴 5415 元。

【案件评析】

这起劳动争议案件的产生,主要是某物业管理公司在沈某发生工伤事故后,不是积极妥善地解决问题而是为了逃避责任隐瞒事实,将沈某的劳动合同终止,改由一家劳务派遣公司与沈某签订劳动合同,企图以此规避其应承担的经济责任,最终却是导致企业完全败诉。不仅没有减少其应承担的责任,而且还失去了信誉,造成了不利影响。

【建议】

用人单位发生了工伤事故,一定要按照法律规定的程序处理。本案中作为用人单位的某物业管理公司如果对工伤评定等级有异议,可以在规定的时间内提交重新鉴定的申请,维护自己的合法权益。但该用人单位未能出示已提交重新鉴定的申请证据,因此未能得到仲裁委员会的支持。

交通事故赔付不应影响工伤职工
享受相应的保险待遇

【基本案情】

高某,女,北京某有限公司职工,与北京某有限公司签订了劳动合同,担任促销员工作,约定了月薪。2008年3月16日晚,高某在下班回家途中发生交通事故并住院进行治疗,经医院诊断为"左胫骨骨折",住院12天。出院后经医院开假条全休2个月,一直在家养伤。在此期间北京某有限公司多次与其联系上班事宜未果,北京某有限公司也一直未支付高某应享受的工伤保险待遇,认为高某已得到了交通事故的赔偿,公司不应再承担额外的费用了。为此,高某将北京某有限公司告到劳动争议仲裁委员会,要求:

1. 支付2008年3月至2009年6月期间的工资916500元,以及25%的经济补偿金229125元;

2. 支付劳动能力鉴定费200元;

3. 支付一次性伤残补助金19930元;

4. 支付一次性医疗补助金和一次性伤残补助金55890元;

5. 支付解除劳动合同经济补偿金3300元;

6.支付医疗费 9739.77 元。

【审理结果】

经劳动争议仲裁委员会审理和反复做工作,根据《工伤保险条例》的有关规定,双方达成调解协议:

1.北京某有限公司向高某支付停工留薪期间的待遇 16500 元;

2.支付一次性伤残补助金 19930 元;

3.支付一次性医疗补助金和伤残补助金 5589 元;

4.支付鉴定费等其他费用 10660 元;

5.高某放弃其他仲裁请求。

【案件评析】

产生此案的重要原因,一是北京某有限公司不了解工伤保险的行政法规和政策。原工伤保险政策规定,交通肇事的工伤案件,肇事方已赔付了工伤保险待遇的不再重复享受。2007 年以后工伤保险政策新规定是可以重复享受的,但北京某有限公司并未掌握这一新政策。二是双方沟通不够,高某受伤后应及时告知北京某有限公司,让单位了解自己的情况,以便安排工作。作为用人单位应及时看望因工受伤的职工,关心职工的伤情,积极为职工办理工伤认定等事宜,体现人性化管理。

【建议】

出现工伤事故,用人单位应当妥善处理。但北京某有限公司自认为高某是交通事故,肇事方已赔付了损失,不用再行支付了。因此对高某的伤情采取了消极的态度,致使单位的负担加重,高某也很不满意,造成劳动争议,这是用人单位应当引以为鉴的。

解除劳动关系后伤残等级发生变化
不能要求原用人单位支付相关待遇

【基本案情】

杨某系农业户口,原是某煤矿的职工,在该矿从事井下采掘和运输工作,双方签订了劳动合同,期限自 2002 年 3 月 8 日至 2010 年 3 月 7 日。在该矿工作期间,杨某未经某煤矿同意于 2007 年 11 月 24 日到北京大学第三医院进行了职业病诊断,结论为一期煤工尘肺。杨某未将诊断结论及时告知某煤矿,后某煤矿于 2008 年到国家安全生产监督管理总局职业安全卫生研究所下属的某医院为其进行了复查,并为其办理了工伤认定及劳动能力鉴定手续。杨某于 2008 年 7 月 29 日被认定为工伤,2008 年 10 月 10 日被鉴定为伤残七级。2008 年 10 月 23 日双方签订了《关于杨某尘肺一次性处理的协议》,协商一致解除了劳动合同。杨某领取了一次性伤残补助金、一次性工伤医疗补助金和伤残就业补助金。2008 年 12 月 9 日,杨某在北京大学附属某医院被诊断为二期煤工尘肺。2009 年 5 月 22 日经劳动能力鉴定委员会鉴定为职工工伤与职业病致残等级标准三级。杨某于 2009 年 6 月 11 日申请仲裁,要求与某煤矿恢复劳动合同关系;从 2009 年 6 月开始按月支付伤残津贴 2235.75 元;补发 2008 年 12 月至 2009 年 5 月的工伤工资 11959 元;补缴 2008 年 10 月以后的社会保险费。

【审理结果】

劳动争议仲裁委员会审理后认为:杨某在某煤矿工作期间因职业病被认定为工伤,鉴定为伤残七级,双方协商一致于 2008 年 10 月 23 日解除劳动合同并签订了协议,杨某领取了一次性伤残补助金及一次性工伤医疗补助金和伤残就业补助金等工伤待遇,应认定解除劳动关系是双方的真实意思表示,合法有效。解除劳动合同后,杨某虽伤残等级发生了变化,达到伤残等级三级,但杨某要求与某煤矿恢复劳动关系,缺乏法律依据。《工伤保险条例》第三十三条规定的"职工因工致残被鉴定为一级至四级伤残的,保留劳动关系,退出工作岗位"的主体,是与用人单位存在劳动关系的在职职工,而杨某于 2008 年 10 月 23 日已与某煤矿解除了劳动合同,双方之后不存在劳动关系,杨某不符合《工伤保险条例》第三十三条规定的主体资格,故杨某要求与某煤矿恢复劳动关系的请求,缺乏法律依据,劳动争议仲裁委员会不予支持。

因杨某与某煤矿于 2008 年 10 月 23 日之后不存在劳动关系,故杨某要求某煤矿补发其工资、按月支付其伤残津贴的申请请求,无法律依据,劳动争议仲裁委员会不予支持。

关于杨某要求补缴 2008 年 10 月以后社会保险费的请求不属于劳动争议仲裁委员会受理范围,劳动争议仲裁委员会不予处理。

【案件评析】

本案争议焦点是,杨某在职期间已查出职业病,解除合同后伤残等级发生变化能否按照《工伤保险条例》的有关规定享受相应的工伤待遇

《工伤保险条例》第六十一条规定:本条例所称职工,是指与用人单位存在劳动关系(包括事实劳动关系)的各种用工形式、各种用工期限的劳动者。杨某要求按照《工伤保险条例》第三十三条的规定享受伤残津贴,但杨某在职期间伤残等级为七级,未达到享受伤残津贴的条件,且其已按照伤残七级的标准享受了相关工伤待遇。杨某在解除劳动合同后被鉴定为伤残三级,伤残等级较解除劳动合同前发生了变化,但目前相关的法律法规并未对在职期间诊断出职业病,解除劳动合同后职业病等级发生变化的人员如何享受工伤待遇作出规定。综上,杨某的情况不适用《工伤保险条例》第三十三条的规定,其仲裁请求因缺乏法律依据,没有得到劳动争议仲裁委员会的支持。

本案还涉及停工留薪期的待遇问题。所谓停工留薪期是指职工因工负伤或者职业病停止工作接受治疗并享受有关待遇的期限,本案中因杨某于 2008 年 10 月 23 日已与某煤矿了解除劳动关系,不属于某煤矿的职工,不存在停工留薪期,故杨某要求按照《工伤保险条例》第三十一条的规定,补发 2008 年 12 月至 2009 年 5 月期间停工留薪期工资,因缺乏事实与法律依据,也没有得到劳动争议仲裁委员会的支持。

工伤职工严重违纪的 用人单位
可以解除劳动合同

【基本案情】

池某于 2008 年 12 月 5 日到某客运公司工作,岗位为司机,每月工资为 2800 元。双方订有书面劳动合同,期限为 2008 年 12 月 5 日至 2011 年 12 月 4 日。2010 年 1 月 6 日池某工作期间发生重大交通事故,经公安交通管理部门认定,池某负事故全部责任。后池某住院治疗 30 余日,同年 3 月 10 日其被认定为因工负伤,7 月 20 日被鉴定为工伤八级。2010 年 12 月 7 日某客运公司以特快专递的形式向池某送达了解除劳动合同通知书。2010 年 12 月 9 日池某向劳动争议仲裁委员会提出仲裁申请,要求某客运公司支付:

1. 解除劳动合同经济补偿金 5600 元;

2. 未按照法律规定解除劳动合同的赔偿金 11200 元;

3. 未提前通知解除劳动合同赔偿金 2800 元;

4. 一次性工伤医疗补助金和伤残就业补助金 61500 元;

5. 住院伙食补助费 1500 元;

6. 劳动能力鉴定费 200 元;

7.押金 5000 元。

【审理结果】

1.某客运公司支付池某一次性工伤医疗补助金和伤残就业补助金 60555 元；

2.支付池某住院伙食补助费 1050 元；

3.支付池某劳动能力鉴定费 200 元；

4.返还池某押金 5000 元；

5.驳回池某的其他申请请求。

【案件评析】

因本案工伤事故发生在 2011 年 1 月 1 日以前且已作出了工伤认定结论,故池某的工伤保险待遇应当按照《工伤保险条例》(国务院令第 375 号)、《北京市实施〈工伤保险条例〉》(北京市人民政府令第 140 号)规定的标准核定。本案中,池某主张某客运公司与其解除劳动合同的行为系无故将其辞退,属于用人单位违法解除劳动合同,某客运公司除应当支付其一次性工伤医疗补助金和伤残就业补助金外,还应支付解除劳动合同经济补偿金及双倍赔偿金。某客运公司主张池某在工作期间发生重大交通事故,其承担事故的全部责任,单位与其解除劳动合同是依据《员工手则》的相关规定及《劳动合同法》第三十九条第(二)、(三)项的规定,故不应当向池某支付经济补偿金及双倍赔偿金。劳动争议仲裁委员会审理后认为:池某在工作期间严重失职,发生重大交通事故,其负事故的全部责任,某客运公司的《员工守则》中对此有明确规定,该《员工守则》经过了民主程序,且已经向池某告知过,某客运公司依据《员工守则》的相关规定及《劳动合同法》第三十九条的相关规定,在池某停工留薪期满后与其解除劳动合同符合法律的规定,并非是违法解除劳动合同的行为,故池某要求经济补偿金及双倍赔偿金没有事实依据,不应获得支持。

我国《劳动合同法》第四十二条第(二)项规定,在本单位患职业病或者因工负伤并被确认丧失或者部分丧失劳动能力的,用人单位不得依照本法第四十条、第四十一条的规定解除劳动合同,这是对在劳动者因工被确认丧失或部分丧失劳动能力等情况下,用人单位的解除权作出的限制,但该限制仅限于用人单位不能以工伤职工不能胜任工作、订立劳动合同时的客观情形发生变化以及经济性裁员等为由单方解除劳动合同。对于工伤职工严重违反规章制度的情形,即使其存在《劳动合同法》第四十二条规定的情形,用人单位仍可依据该法第三十九条的相关规定解除劳动合同,且可以不支付经济补偿金或赔偿金。

劳动者自愿放弃缴纳
养老保险费是无效行为

【基本案情】

农民工李某于 2004 年 11 月入职某生物工程公司, 岗位为净化车间主任, 月平均工资 1500 元, 双方于 2008 年 1 月 1 日签订书面劳动合同, 期限为一年, 期满后续签至 2011 年 12 月 31 日。李某于 2010 年 12 月 9 日提出辞职, 双方的劳动合同解除。李某在职期间, 某生物工程公司在 2004 年 11 月至 2009 年 12 月期间未为其缴纳社会养老保险, 2010 年 1 月、2 月缴纳了养老保险, 2010 年 3 月某生物工程公司向包括李某在内的全体职工下发通知, 征求其是否继续缴纳养老保险的意见, 李某签字确认不同意继续缴纳, 因此某生物工程公司自 2010 年 3 月开始停止为李某缴纳养老保险。李某于 2010 年 12 月 27 日向劳动争议仲裁委员会提出申请, 要求某生物工程公司支付:

1. 解除劳动合同经济补偿金 9000 元;

2. 2010 年 7 月至 12 月 9 日加班工资 4180 元;

3. 拖欠加班费 25% 的经济补偿金;

4. 2004 年 11 月 1 日至 2010 年 12 月 9 日未上养老保险损失 14016 元。

【审理结果】

经劳动争议仲裁委员会调解,双方最终达成如下调解意见:

1.双方于2010年12月9日解除劳动合同;

2.自调解书生效之日起三日内,某生物工程公司一次性支付李某养老保险补偿金2000元;

3.李某自愿放弃其他申请请求。

【案件评析】

本案涉及的主要问题在于李某签字确认放弃缴纳养老保险是否有效。包括基本养老保险在内的社会保险是由国家的法律法规强制缴纳的。我国《劳动法》第七十二条规定:用人单位和劳动者必须依法参加社会保险,缴纳社会保险费。

《社会保险费征缴暂行条例》第三条第一款规定:基本养老保险费的征缴范围:国有企业、城镇集体企业、外商投资企业、城镇私营企业和其他城镇企业及其职工,实行企业化管理的事业单位及其职工。第四条第一款规定:缴费单位、缴费个人应当按时足额缴纳社会保险费。第十二条规定:缴费单位和缴费个人应当以货币形式全额缴纳社会保险费。缴费个人应当缴纳的社会保险费,由所在单位从其本人工资中代扣代缴。社会保险费不得减免。因此,参加包括基本养老保险在内的社会保险是用人单位及其职工的法定义务,不管是用人单位还是职工,都不得以任何理由和形式放弃参加社会保险。

另外,按照合同的基本理论,任何合同的订立都不得侵害国家、集体和第三方的权益,养老保险金缴纳后,应当归于养老保险金的管理机构,由该机构支付给享受养老保险的人员,用人单位如果与劳动者订立协议,不缴纳养老保险金,实际上就是侵害了养老保险管理机构及享受养老保险待遇者的权益。

本案中李某虽然签字确认放弃参加养老保险,但这违反了法律和行政法规的强制性规定,应当认定为无效。因李某系农业户口,某生物工程公司在 2004 年 11 月至 2009 年 12 月、2010 年 3 月至同年 12 月 8 日期间未为其缴纳社会养老保险,依据《农民合同制职工参加北京市养老、失业保险暂行办法》(京劳险发〔1999〕99 号)第二十二条、《北京市农民工养老保险暂行办法》(京劳社养发〔2001〕125 号)第十五条及相关规定,某生物工程公司应当支付李某上述期间的养老保险补偿。

由此可见,职工放弃缴纳养老保险,一方面使其可能丧失今后根据缴费年限享受养老保险待遇的权利,不利于对自身权利的保护;另一方面,对于用人单位来说,同样存在着很大的风险,按照我国法律规定,职工参加基本养老保险中个人缴费的部分应当由用人单位从其工资中代扣代缴。依据《社会保险法》的相关规定,如果用人单位未依法缴纳社会保险费,用人单位不但要进行补缴或补偿,而且还要接受劳动保障行政部门的强制征缴以及行政处罚。因此,劳资双方都应该认识到社会保险的重要性,依法缴纳社会保险费。

第六部分　人事争议

事业单位应严格按照规定
解除人事关系

【基本案情】

申请人王某于 1975 年 8 月作为国家固定制职工参加工作,1988 年 5 月调入市某设计所工作。2003 年北京市事业单位开始实施人事制度改革,推行聘用合同制,某设计所于 2003 年 5 月开始试行聘用合同制。2003 年 6 月,某设计所与王某签订聘用合同,王某在参加当月本单位岗位竞聘活动中落选,成为未被聘任上岗人员,2003 年 10 月 13 日,某设计所通知王某待岗一年。待岗期满后,某设计所于 2004 年 10 月 14 日作出书面通知,解除与王某的人事关系,从 2004 年 11 月 1 日起停发最低生活费,有关人事关系按《某设计所待岗人员管理暂行办法》办理,即解除王某与某设计所的人事关系,将王某的档案转交社会保险经办机构或人才中心。但某设计所并未办理与王某解除人事关系的有关手续。2005 年 2 月、2006 年 2 月,某设计所仍然同意王某参加本单位内部的岗位竞聘活动。直至 2006 年 9 月,某设计所召开所务会,会议纪要中记录决定辞退王某,并再次作出解除与王某的人事关系的决定。同年 9 月 25 日,某设计所作出《关于解除与王某聘用和人事关系通知书》。王某对此存有异议,认为自己符合人事部国人部发〔2003〕61号文关于在本单位工作已满25年(按在本单位及国有单位工作的工龄合计)不得解除人事关系的规定,故请求:

1.裁决某设计所辞退王某行为违法;

2.补发王某自2004年11月1日后的生活费。

某设计所辩称:人事部国人部发〔2003〕61号文件,是对国办发〔2002〕35号文件有关问题的解释,不适用于某设计所。并且王某在待岗时,即2003年10月,不具备在本单位工作满25年或者在本单位连续工作满10年距国家规定的退休年龄已不足10年可以订立聘用至退休的合同条件。王某在一年的待岗期间都未能上岗。因此,按某设计所内部规定,有权终止双方的人事关系,这符合法律、法规和政策的要求,符合双方的约定。同时某设计所提出,王某的仲裁申请已超过法定的仲裁时效。

【审理结果】

1.撤销某设计所与王某解除人事关系的决定;

2.某设计所于裁决生效之日起5日内,补发王某自2004年11月至裁决日的待岗生活费。

【案件评析】

本案的关键是某设计所解除与王某的人事关系是否符合国家法律、法规和政策的要求。国办发〔2002〕35号和国人部发〔2003〕61号文件是指导全国事业单位人事制度改革的文件,具有普遍效力,北京市在《北京市事业单位聘用合同制试行办法》(京政办发〔2002〕50号)中对聘用合同的解除也作出了明确的规定。王某于1975年8月参加工作,到2004年10月14日设计所作出《解除王某人事关系通知》时,其工龄已满28年。到2006年9月某设计所召开所务会,会议决定辞退王某时,工龄已满30年。因此,某设计所解除与王某的人事关系,不符合人事部国人部发〔2003〕61号文关于在本单位工作已满25年(按在本单位及国有单位工作的工龄合计)不得解除人事关系的规定。王某在2006年9月25日设计所公布所务会会议纪要中,才明确知道自己被辞退,其于2006年11月20日向人事争议仲裁委员会提出仲裁请求并没有超过仲裁时效。

【建议】

事业单位试行人员聘用制度,是推进人事制度改革、提高人才队伍整体素质、增强单位活力的重要措施。但在改革中针对已签订聘用合同,但未被聘任上岗人员的安置和管理是人员聘用工作的重点和难点,处理不好,势必产生新的争议和矛盾。北京市在推行聘用制的人事制度改革初期,针对事业单位在改革中出现的未聘人员安置和管理问题,曾出台过有关政策,鼓励各单位以内部消化为主,采取多种方式予以妥善安置,给予未聘人员待岗期乃是其中一种。在解除职工人事聘用关系问题上是有政策规定和约束的,事业单位要全面理解并遵守国家的有关法律、法规及政策。

本案中,某设计所认为《国务院办公厅转发人事部关于在事业单位试行人员聘用制度意见的通知》（国办发〔2002〕35号）和《事业单位试行人员聘用制度有关问题的解释》（国人部发〔2003〕61号）不适用于本单位人事制度改革的主张是错误的。上述两个文件是指导全国事业单位人事制度改革的文件，事业单位应当认真贯彻执行。某设计所以特殊性为由，拒不执行文件的有关规定，最终导致败诉的结果。

职工擅自离职行为导致严重后果

【基本案情】

申请人周某于1993年大学毕业后分配到市某医院，从事医务工作。1996年4月，周某向某医院递交赴美国探亲的申请，要求请假5个月。经某医院批准同意周某赴美国探亲，时间截至1996年9月。2008年10月，周某回国后要求到某医院继续上班时，得知某医院已于1998年3月对其作出自动离职处理的决定，解除与他的人事关系。周某不服，认为某医院应当履行告知义务，在其不知晓的情况下作出自动离职的决定，解除人事关系无效。请求撤销自动离职决定，恢复工作和支付经济补偿金。

某医院辩称：1.医院依法对周某作出自动离职处理决定行为并无不当。1996年4月，周某向医院书面提请赴美国探亲5个月，在出国之前，周某明确表示探亲届满，一定按时回单位工作，并在探亲申请书中明确约定了探亲的起止时间。但周某在探亲期满后，既未回单位工作，亦未向医院申请延期探亲，甚至没有和医院联系过。在周某探亲期满后，医院根据周某所留电话和档案地址，先后以电话、挂号信、登报等方式通知其回单位上班，在公示期满后仍未见周某回单位。1998年3月，医院根据《全民所有制事业单位专业技术人员和管理人员辞职暂行规定》（人调发

〔1990〕19号）第十二条和《XX市卫生局所属事业单位职工请假暂行实施办法的通知》（（83）X卫人字第165号）第六条第二款的规定，对周某作出自动离职处理的决定，并严格按照有关送达程序通知周某。医院将其档案转移至户口所在地街道。至此，医院与周某没有人事关系；

2.周某要求支付经济补偿金没有法律依据。

【审理结果】

人事争议仲裁委员会作出如下裁决：驳回周某的全部仲裁请求。

【案件评析】

本案焦点为周某是否有擅自离职和旷工的事实。某医院对周某擅自离职和旷工后作出自动离职处理决定，事实是否清楚，政策依据是否准确，程序是否规范，手续是否完备。

本案中申请人周某探亲期满未归是不争的事实。周某与某医院在赴美探亲问题上作出明确约定，即周某一定要按时回单位工作，其应当按照约定履行，违约应当承担责任。某医院在周某探亲期满后未回单位上班的情况下，及时履行了告知义务，在公示期满后，依据相关法规政策作出处理决定，解除与周某人事关系并无不妥。申请人周某虽然认为其不知晓某医院作出的处理决定，应当撤销自动离职处理决定和恢复工作，但人事争议仲裁委员会认为周某违约在先，后对其权利义务又采取放任的态度，作为受到高等教育的专业技术人员应当知道擅自离职行为的后果,人事争议仲裁委会对其相关陈述不予认同。周某要求支付经济补偿金的请求,因无法律依据,人事争议仲裁委员会不予支持。

【建议】

认清擅自离职的后果。上世纪八十年代末九十年代初,国家为使有限的人才资源得到优化配置,解决历史形成的大批人才学非所用、积压浪费和布局结构不合理的问题,以更好地为经济建设和社会发展服务,出台了一系列支持和鼓励人才合理流动的改革政策,如1987年国务院颁布的《关于促进科技人员合理流动的通知》。但与此同时,事业单位工作人员依据相关文件精神提出下海经商,办理停薪留职(一般为两年)期限届满不归,或出国留学深造不回,或擅自离职,给事业单位正常的工作秩序带来严重的影响,这时事业单位纷纷依据《全民所有制事业单位专业技术人员和管理人员辞职暂行规定》(人调发〔1990〕19号)第13条规定,对本单位长期不在岗,未按规定办理辞职手续的擅自离职人员,给予自动离职处理。对个人来说,按自动离职处理的后果非常严重。如果个人在受到自动离职决定处理后,又被其他单位录用的话,工龄将自重新录用之日起计算,也就说,个人在原单位工作的工龄全部归零,这直接影响到个人参加社会保险时的工龄接续。本案中,周某申请探亲逾期未归,也未办理延期手续,置某医院的制度和双方约定于不顾,属自动放弃权利和义务。某医院针对周某逾期不归和旷工的事实,依据国家相关政策法规,按照相关送达程序,作出对周某自动离职处理决定并解除人事关系符合规定,并无不当。根据《全民所有制事业单位专业技术人员和管理人员辞职暂行规定》,申请人周某要求某医院支付经济补偿金,因无政策依据,人事争议仲裁委员会不予支持。

鉴于自动离职具有特殊的历史背景。根据《公务员法》第一百零七条的规定、《事业单位试行人员聘用制度有关问题的解释》(国人部发〔2003〕61号)第十八条中关于"事业单位与职工解除工作关系,适用辞职辞退的有关规定;实行聘用制度以后,事业单位与职工解除聘用合同,适用解聘辞聘的有关规定"的规定要求,结合目前北京市事业单位聘用制改革已完成的实际情况,建议事业单位在处理违规工作人员时不要再使用自动离职处理决定,一是如使用该决定属适用政策法规不当,二是如使用该决定对聘用人员将造成很大损失,影响极大。

事业单位未签聘用合同
职工索双倍工资无据

【基本案情】

王某,女,1990年由市某国有企业调入市某院校担任出纳。2003年,北京市事业单位全面开展人事制度改革,市某院校也在改革之列,同年年底,该院校根据《关于在事业单位试行人员聘用制度的意见》(国办发〔2002〕35号)和《北京市事业单位聘用合同制试行办法》规定,组织全院开展聘用合同制的落实工作,与除王某等5人外的所有职工签订了《聘用合同书》,建立聘用关系,约定聘用期限为5年。

2009年11月,王某在财务审计中被发现存有违纪行为,并给某院校造成经济损失,2009年12月,某院校根据规章制度解除了与王某的人事关系。2010年元月,王某以某院校在2008年1月以后未与其签订聘用合同为由,依据《劳动合同法》的有关规定,向人事争议仲裁委员会申请人事仲裁。请求支付2008年2月至解除人事关系期间每月二倍工资的差额部分。

某院校称:王某于1990年进入单位从事出纳工作,2003年单位根据市人事局要求开展全院全员聘用合同制的落实工作,根据《关于在事业单位试行人员聘用制度的意见》精神,单位针对单位"老人"和"新人",采取不同的聘用方式,即"老人老办法,新人新办法",包括王某在内的5位"老人",单位未与他们签订聘用合同,因为他们基本上都已经符合签订至退休合同的条件,单位已经实行聘用制,虽未签聘用合同,但我们之间实际上已经形成了事实聘用关系,针对"新人"单位是严格按照聘用制的相关规定,与受聘人员签订聘用合同。针对王某提出因未签合同支付双倍工资差额的请求,单位认为无法律依据。

【审理结果】

驳回申请人王某的仲裁请求。

【案件评析】

本案争议焦点在于王某是否可以依据《劳动合同法》的有关规定,因某院校未与其签订聘用合同,要求某院校支付其每月双倍工资的差额部分。

该案件所涉及的情况在当前事业单位人事制度改革过程中并不鲜见,《关于在事业单位试行人员聘用制度的意见》下发后,事业单位陆续进行落实聘用合同制的工作,有些事业单位走在改革的前端,完成聘用制度改革,有些单位还处在事业单位人事制度改革的摸索阶段,未真正开始实行聘用合同制。就本案来说,某院校虽已实行聘用合同制,但在人员管理上却存有"老人老办法,新人新办法"的管理模式,在改革过渡阶段,这是事业单位所特有的。

2008年1月实施的《劳动合同法》第九十六条规定:事

业单位与实行聘用制的工作人员订立、履行、变更、解除或者终止劳动合同,法律、行政法规或者国务院另有规定的,依照其规定;未作规定的,依照本法有关规定执行。根据《中华人民共和国人事部办公厅对江西省人事厅情况反映的答复意见函》(国人厅函〔2007〕153号)可以得知,《关于在事业单位试行人员聘用制度的意见》(国办发〔2002〕35号)是规范事业单位人员聘用合同的国务院办公厅文件,属于《劳动合同法》第九十六条"国务院另有规定"的范围。《关于在事业单位试行人员聘用制度的意见》和《事业单位试行人员聘用制度有关问题的解释》(国人部发〔2002〕61号)等文件中,并没有针对未签聘用合同给予相应处罚或补偿的规定。

本案中,虽然某院校与王某未签订聘用合同,但仍继续履行管理与被管理、提供服务与支付报酬的相关权利、义务,因单位实行聘用合同制,可视为双方之间存有事实上的聘用关系和视为当事人已与聘用单位之间订立聘用至退休的合同,其双方发生人事争议后,应以聘用合同制的相关规定给予调整,当事人依据《劳动合同法》的相关规定,主张未订立聘用合同双倍工资的请求不应得到支持。

事业单位与受聘人员约定离职
违约金违约者应履行义务

【基本案情】

2008年4月就读于某医科大学的研究生周某与我市某医院签订《三方协议书》,约定周某7月份毕业后到医院工作五年,期间不得辞聘,如违约承担违约责任,支付的违约金数额根据其服务年限,按每服务满一年递减20%执行。2008年7月,周某顺利毕业,某医院根据约定向原市人事局申请人才引进指标、编制和户口落户等相关手续。2008年8月,某医院与周某签订《聘用合同书》和《服务期协议书》,约定周某聘期五年,服务期五年,期间不得以任何理由提出辞聘,不得擅自离开医院,如违约承担支付50000元违约金的责任违约金数额根据其服务年限,按每服务满一年递减20%执行。2009年8月,周某在某医院工作满一年,并转正定级领取全额工资。2009年10月,周某向某医院提出辞聘请求,理由为因个人原因不适合在现有工作岗位上工作。某医院在收到周某辞聘的请求后,拒绝其辞职申请,多次约见周某做工作,并明确表示如周某辞职,根据双方签订的聘用合同和服务期协议约定,必须缴纳违约金40000元方能解除聘用关系。2009年10月底,周某擅自离开医院不辞而别,2009 年 11 月,某医院停发周某工资,11 月底,周某因停发工资和认为某医院与其签订的聘用合同和服务期协议中有关违约金的约定,违反《劳动合同法》相关规定,属不公平条款为由,向市人事争议仲裁委员会提起仲裁申请。请求:

1.撤销聘用合同和服务期协议中关于支付违约金的不公平条款;

2.解除双方之间的聘用关系;

3.支付 2009 年 11 月份的工资。

某医院认为:医院与周某签订的聘用合同和服务期协议是在平等协商的情况下签订的,是双方真实意思的体现。医院在合同和协议中约定违约责任,是基于医院引进所需人才的投入,如申报落户指标、巨额安家费等,为防止损害医院的合理期待利益而约定承担相应的违约责任。周某置聘用合同的约定于不顾,不辞而别,给医院正常的工作秩序带来严重影响,同时其不诚信的行为如得不到约束,将助长人才无序流动的势头,势必造成人才的严重流失。

【审理结果】

经过调解,双方达成协议:

1.双方解除聘用合同;

2.周某于调解书生效之日起 5 日内,按双方签订的聘用合同和服务期协议中有关违约责任的条款约定,支付某医院违约金人民币 40000 元。某医院于周某支付违约金

后当日,为周某出具《解除、终止聘用合同通知书》;

3.周某放弃其他仲裁请求。

【案件评析】

本案的争议焦点在于聘用单位与受聘人员之间签订的聘用合同中约定有离职违约责任的情况下,受聘人员在聘用合同履行期间提出辞聘申请,是否可以在《劳动合同法》第二十二条和第二十三条规定的情形之外向用人单位支付违约金。

本案中所涉及的人事争议属履行聘用合同类型,与一般的履行聘用合同案件区别在于案件当中涉及支付违约金的约定,是否合法、合理。同时此类案件还引申出另外一个问题就是如何引导"诚信",增加了仲裁员在处理这类案件中如何贯彻诚实信用与公平原则自由裁量的抉择难度。

人事争议仲裁委员会认为,此类案件在当前法律环境和兼顾公平的原则下,应给予个人适当制约。本案中周某与某医院签订聘用合同和服务期协议是在平等协商的基础上签订的,属双方的真实意思表示,双方应当自觉履行,违约方应当承担相应违约责任。事业单位(尤其是公益性事业单位)在聘用合同和服务期协议中约定的限制性违约金并不是对正常聘用合同关系的担保,违约金所对应的义务不是聘用合同中原有义务,而是基于事业单位先期履行的一个特殊投入的先行义务,从而使受聘人员增加了一个相应义务,实际上使聘用单位和受聘人员之间形成了一个新的权利义务对价关系。这是与《劳动合同法》立法宗旨保护劳动者,即不得通过约定违约金的方式剥夺受聘人员辞职权和一般性人才自由流动等不同之处。同时针对目前公益性事业单位拥有全国 40％以上的专业技术人才和人才资源储备库的特性,作为仲裁机构,应当根据公平、对等原则,不允许受聘人员出尔反尔,随意辞职。如照搬《劳动合同法》第二十五条的规定执行,必然会给事业单位带来不可估量的损失,如人才流失、公共服务资源先期投入浪费等,这是聘用合同和服务期协议中约定受聘人员提前解除聘用合同需要支付违约金的内在缘由。

第七部分　其　他

因客观原因调整劳动者岗位
应协商一致

【基本案情】

李某是某高科技企业 T 公司的职工,2006 年,李某与 T 公司签订了期限至 2009 年 12 月 31 日的劳动合同,该合同约定李某的工作岗位在市场部,月工资包括基本工资 3000 元及提成工资。2008 年 10 月,受全球金融危机的波及,T 公司市场部出现长时间工作停滞,出于公司内部机构整合的目的,T 公司于 2009 年 3 月 23 日决定将李某调至技术服务部工作,并按该岗位定酬标准将其月工资调整为基本工资 1800 元。李某表示不能接受,在之后数天内多次找到公司经理协商未果,并自 2009 年 4 月 1 日开始未到公司工作。T 公司于 2009 年 4 月 18 日以李某连续旷工 10 天严重违纪为由书面提出与其解除劳动合同。李某对此不服,遂向劳动争议仲裁委员会提出申请,要求 T 公司:

1.撤销于 2009 年 4 月 18 日作出的解除劳动合同的决定;

2.支付 2009 年 4 月份至 2009 年 6 月份的工资共 9000 元。

【审理结果】

1.撤销 T 公司于 2009 年 4 月 18 日作出的与李某解除劳动合同的决定；

2.T 公司支付李某 2009 年 4 月至 6 月份的工资共9000 元。

【案件评析】

本案是一起因变更劳动者的工作岗位及工资而引发的劳动争议,其争议的焦点在于 T 公司在提出与李某变更劳动合同时是否应经过双方协商一致。《劳动法》第十七条规定:订立和变更劳动合同,应当遵循平等自愿、协商一致的原则,不得违反法律、行政法规的规定。《劳动合同法》第三十五条也规定:用人单位与劳动者协商一致,可以变更劳动合同约定的内容。变更劳动合同,应当采用书面形式。变更后的劳动合同文本由用人单位和劳动者各执一份。从以上法律规定可以看出,未经劳动合同双方当事人平等自愿协商,达成一致意见,劳动合同的内容不得单方变更。本案中的 T 公司单方变更与李某的劳动合同内容虽存在客观原因,但其并未履行与劳动者协商一致的过程,违反了上述法律规定的精神,该劳动合同的变更行为不能得到法律的认可和支持。故此,李某在不认同 T 公司单方变更劳动合同的前提下自 2009 年 4 月开始未到 T 公司工作并非主观意义上的旷工违纪,T 公司以李某旷工违纪为由提出与其解除劳动合同确有不妥,因此劳动争议仲裁委员会作出了撤销 T 公司作出的与李某解除劳动合同的决定的裁决。李某虽在 2009 年 4 月以后未到 T 公司工作,但事出于 T 公司的单方变更劳动合同的违法行为,且给李某造成了工资收入的损失,故 T 公司还应向李某补发工资。

由本案可以看出,用人单位在作出与劳动者变更劳动合同的内容时需谨慎,并应充分履行协商一致的法定程序。

竞业限制协议无需再履行的用人单位应事先书面告知劳动者

【基本案情】

徐某与某公司于 2007 年 4 月 16 日签订劳动合同,期限为两年,职务为高级软件工程师,月薪 15000 元,双方在劳动合同附件中约定了《保密和非竞争协议》,其中第四条约定:如果员工由于某种原因离开公司后一年内,不得直接或间接从事针对公司或公司客户的活动。双方未在协议中约定竞业限制补偿金。双方于 2007 年 7 月 6 日解除劳动合同。解除劳动合同时,某公司没有书面告知徐某是否需履行竞业限制的约定,其后也没有向徐某支付经济补偿金。徐某于 2008 年 7 月 16 日申请劳动仲裁。徐某称其履行了该协议,要求支付相当于 12 个月工资的补偿金。

某公司认为:1.此案已超过仲裁时效;2.公司并没有与徐某签订单独的《竞业限制协议》来约定竞业限制事项,也没有要求徐某履行竞业限制的约定。因此,不同意徐某的仲裁请求。

【审理结果】

某公司支付徐某竞业限制补偿金 60000 元整。

【案件评析】

竞业限制是一种约定义务,有约定,则有义务,无约定,则无义务。竞业限制协议应当包括两部分最基本的内容,一是劳动者需要履行的竞业限制期限和不竞争单位的范围,二是用人单位支付相应补偿的数额。

本案中,徐某与某公司在劳动合同附件中约定了期限为一年的竞业限制条款,但未约定某公司应当支付的补偿金数额。该协议权利义务不对等。双方于 2007 年 7 月 6 日解除劳动合同后,某公司并未书面告知徐某无需履行竞业限制条款,而徐某实际履行了该条款,故某公司应当支付补偿金,但某公司在竞业限制期间没有支付补偿金,徐某在该期间内有权主张权利。关于本案的时效问题,当一种违法或违约的行为处于持续状态的时候,仲裁时效并不起算,只有当这种行为终了的时候,时效才开始计算。双方约定某公司应当支付徐某一年的竞业限制补偿金,而某公司一直未依约履行,这种行为一直持续到 2008 年的 7 月徐某提起劳动仲裁,所以并未超过法定的仲裁时效,故某公司关于超过仲裁申请期限的理由不能成立。对徐某要求竞业限制补偿金的请求,劳动争议仲裁委员会予以支持。鉴于双方没有约定补偿金数额,劳动争议仲裁委员会参照《中关村科技园区条例》的规定,酌情确定补偿金数额为 60000 元。

【建议】

一、如果用人单位与劳动者约定了竞业限制协议,应当同时约定补偿金。即使没有约定补偿金,如果劳动者已经履行了协议,没有去竞业限制单位工作,用人单位也应当支付补偿金。

二、用人单位需要解除竞业限制协议的,需事先书面告知劳动者,此后竞业限制协议不再具有约束力,但用人单位应支付协议履行期间的补偿金。

签订竞业限制协议要严谨

【基本案情】

刘某系某信息技术公司的职工,在该公司担任销售助理岗位,2009年3月16日双方签订劳动合同,合同期限至2010年4月15日,同日双方签署《保密、知识产权、商誉和不竞争协议》。该协议书中约定:未经甲方(某信息技术公司)事先书面同意,乙方(刘某)不得在离职后两年内,在与甲方存在商业竞争关系或者其他利害关系的用人单位任职,或者自己生产、经营与甲方有竞争关系的同类产品或业务。如果某信息技术公司希望乙方在劳动合同终止后依然遵守本竞业限制条款,某信息技术公司应按照现行法律规定的最低标准,在竞业限制期间内向乙方按月支付经济补偿金。本协议构成双方之间的全部协议,取代并废除先前的所有口头和书面的协议(劳动合同除外)。2009年11月5日某信息技术公司与刘某解除劳动合同,刘某主张某信息技术公司应向其支付自2009年11月6日起两年竞业限制经济补偿金。2010年2月8日劳动争议仲裁委员会开庭审理了此案。

某信息技术公司认为:如果我公司选择刘某适用竞业限制,那么就需要向其支付竞业限制补偿金。而我公司并没有要求刘某适用竞业限制,所以无需支付。

【审理结果】

某信息技术公司向刘某支付自解除劳动合同次日至劳动争议仲裁委员会开庭当日期间竞业限制经济补偿金。

【案件评析】

竞业限制是指承担保密义务的劳动者在离开用人单位的一定期限内不得自营或者为他人经营与原用人单位有竞争关系的业务。竞业限制的目的之一就是防止从业人员利用企业的商业秘密为自己和他人谋利益。竞业限制已成为保护商业秘密的重要手段,是保护商业秘密的一面坚强盾牌。同时,竞业限制使劳动者择业在一定的时间内受到限制,为保障劳动者在择业受限期间维持正常生活的生存权利,基于公平对等原则,竞业限制也规定用人单位要支付一定的补偿金。《劳动合同法》第二十三条第二款规定:对负有保密义务的劳动者,用人单位可以在劳动合同或者保密协议中与劳动者约定竞业限制条款,并约定在解除或者终止劳动合同后,在竞业限制期限内按月给予劳动者经济补偿。如用人单位竞业限制协议中未约定按月给予劳动者经济补偿,未履行给付义务,劳动者有权主张自己的权利,用人单位将承担败诉的法律风险。

就本案,某信息技术公司与刘某签署《保密、知识产权、商誉和不竞争协议》,表明该公司要求刘某在劳动合同期限内和劳动合同终止后需要对其公司的专有信息等进行保密,从而使刘某被解除劳动合同后自由择业受到一定的限制。某信息技术公司在与刘某解除劳动合同时亦并未以任何书面形式告知刘某不需要遵守竞业限制,故劳动争议仲裁委员会认为:某信息技术公司应向刘某支付竞业限制期间经济补偿金。但该公司当庭表示不需要刘某遵守竞业限制,可以视为某信息技术公司对双方签署的上述协议进行了变更,刘某的再次就业不再受协议约束。本着公平的原则,劳动争议仲裁委员会裁决某信息技术公司向刘某支付自解除劳动合同次日至劳动争议仲裁委员会开庭当日期间竞业限制经济补偿金。

【建议】

《劳动合同法》第二十四条规定:竞业限制的人员限于用人单位的高级管理人员、高级技术人员和其他负有保密义务的人员。因此,竞业限制的对象应该是接触、知悉、掌握商业秘密的员工,通常指企业的高级技术人员、高级管理人员,关键岗位的技术工人,市场计划与营销人员等,受竞业限制约束的人员应控制在一定的范围,而不是普通员工或职工,更不能是全体员工。如果广泛地对其员工约定竞业限制条款,一定程度上限制了劳动者自由流动,也限制了劳动者择业的权利,既不利于企业的管理,也浪费企业的经济资源。所以,单位与劳动者在签订竞业限制时,要根据用人单位工作人员岗位、性质,有区分的与劳动者进行签订,增强签订竞业限制协议的严谨性,否则只能给用人单位的经济效益带来不必要的损失。同时,劳动者既然与单位签订了竞业限制协议就要严格遵守,否则同样面临不遵守协议而支付违约金的风险。

竞业限制协议中应明确约定
向劳动者支付补偿金

【基本案情】

杜某于 2008 年 5 月 15 日入职北京市某通信 A 公司任设计人员,入职后在与 A 公司签订劳动合同时,也与 A 公司签订了一份《竞业限制协议》,该协议约定杜某自离开 A 公司之日起两年内不得到与本公司生产经营同类产品或经营同类业务且有竞争关系的其他单位任职,也不得自己生产或经营与 A 公司有竞争关系的同类产品或经营同类业务。如果杜某违约,则应当承担 4 万元的违约金,但没有明确约定双方的劳动合同终止或者解除后,A 公司应当按月支付杜某履行竞业限制的经济补偿金及金额。

杜某以到 A 公司上班较远为由,于 2008 年 8 月 25 日向 A 公司提出辞职,辞职后公司未按月支付杜某竞业限制的经济补偿。杜某于 2008 年 10 月 30 日应聘到一家与 A 公司生产和经营同类产品的某通信 B 公司工作。同年 12 月 1 日,A 公司发现杜某在 B 公司从事的工作与本公司有竞争关系,于是告知杜某应立即离开 B 公司,否则向 A 公司支付 4 万元的违约金。杜某以 A 公司未按月支付其经济补偿为由,拒绝 A 公司提出的要求。A 公司于 2009 年 1 月 11 日向劳动争议仲裁委员会提出申请,要求杜某向 A

公司支付 4 万元的违约金。

【审理结果】

劳动争议仲裁委员会在开庭审理中,A 公司提交了 B 公司的营业执照副本,证明其与 A 公司生产和经营同类产品,且具有竞争关系,杜某对 A 公司提交的证据予以认可,但称其行为是在辞职后多次找 A 公司索要经济补偿未果的情况下发生的,是 A 公司违约在先,A 公司不向其支付经济补偿,《竞业限制协议》对其无约束力。劳动争议仲裁委员会认为:双方解除劳动合同后,A 公司在竞业限制期限内,应依法按月向杜某支付经济补偿,本案中 A 公司与杜某的《竞业限制协议》中没有关于支付竞业限制补偿金的约定,双方在事后也未就补偿金的事宜达成协议,A 公司未给付杜某履行竞业限制的经济补偿,该《竞业限制协议》对杜某不再具有约束力。据此,劳动争议仲裁委员会驳回了 A 公司的仲裁请求。

【案件评析】

本案的争议焦点是双方签订的《竞业限制协议》是否有效?对劳动者是否有约束力?《劳动合同法》第二十四条规定:竞业限制的人员限于用人单位的高级管理人员、高级技术人员和其他负有保密义务的人员。竞业限制的范围、地域、期限由用人单位与劳动者约定,竞业限制的约定不得违反法律、法规的规定。在解除或者终止劳动合同后,前款规定的人员到与本单位生产或者经营同类产品、从事同类业务的有竞争关系的其他用人单位,或者自己开业生产或者经营同类产品、从事同类业务的竞业限制期限,不得超过两年。《劳动合同法》第二十三条规定,用人单位与劳动者可以约定竞业限制条款,并约定在解除或者终止劳动合同后,在竞业限制期限内按月给予劳动者经济补偿。法律规定在用人单位与劳动者依法签订竞业限制协议后,用人单位按月支付劳动者经济补偿,是对劳动者在一定的期限内不能从事自己擅长的工作,因而造成一定经济损失的一种补偿方式。本案中,A公司虽与杜某签订了竞业限制协议,但是在杜某辞职后,A公司并未支付杜某经济补偿费用。因此,劳动争议仲裁委员会理应驳回A公司的请求,杜某无须承担相关的违约责任。

企业规章制度制定时未经法定程序不得作为考核员工 发放奖金的依据

【基本案情】

李某于 2007 年 4 月到北京某服装公司工作,双方签订了《劳动合同书》,该《劳动合同书》第三条"工资待遇"中明确约定:乙方(李某)年度业绩奖金 5 万元,于工作满 12 个月后的第一个月内根据考核业绩发放。2010 年 1 月,北京某服装公司未按上述约定支付李某的 2009 年度业绩奖金,李某提出辞职。此后李某向劳动争议仲裁委员会提出仲裁,要求:北京某服装公司支付 2009 年度奖金 50000 元。

北京某服装公司辩称:是否发放李某的年度业绩奖金是依据公司规章制度中关于工作考核的结果来决定的。因李某 2009 年业务考核未达标,故不应向其支付业绩奖金。

【审理结果】

北京某服装公司支付李某 2009 年度奖金 50000 元。

【案件评析】

《劳动合同法》第四条规定:用人单位应当依法建立和完善劳动规章制度,保障劳动者享有劳动权利、履行劳动义务。用人单位在制定、修改或者决定有关劳动报酬、工作时间、休息休假、劳动安全卫生、保险福利、职工培训、劳动纪律以及劳动定额管理等直接涉及劳动者切身利益的规章制度或者重大事项时,应当经职工代表大会或者全体职工讨论,提出方案和意见,与工会或者职工代表平等协商确定。在规章制度和重大事项决定实施过程中,工会或者职工认为不适当的,有权向用人单位提出,通过协商予以修改完善。用人单位应当将直接涉及劳动者切身利益的规章制度和重大事项决定公示,或者告知劳动者。

本案中,首先,北京某服装公司对李某进行考核,依据的是《北京某服装公司考核标准》,根据《劳动合同法》的上述规定,规章制度的建立要经过民主程序,也就是说,应当经职工代表大会或者全体职工讨论,与工会或者职工代表平等协商确定。但北京某服装公司制定该制度时并没有通过这样的民主程序,用人单位自行制定并出台有关规章制度,则该制度没有法律效力,当然也就不可能对职工产生约束力。

其次,用人单位在通过民主程序制定了规章制度、劳动纪律后,还要进行公示,也就是说还要告知全体劳动者,保障劳动者的知情权。公示的方式可以采用多种形式,比如召开员工大会进行培训、通过考试的形式展开学习。特别值得注意的是,用人单位不要认为将规章制度公布在单位局域网上就万事大吉了,要注意保留好相应证据。

因此,由于北京某服装公司无法证明其考核标准经过民主程序制定且经过公示程序,故劳动争议仲裁委员会认定该制度无效,北京某服装公司应按劳动合同的约定,支付李某 2009 年度业绩奖金。

有保密义务的职工离职应
遵守约定的提前通知期

【基本案情】

2009 年 7 月,张某大学毕业后被某公司招聘为技术部门的一名员工,双方签订三年期限的劳动合同,合同约定的工作岗位是开发部工程师。为保护公司的商业秘密,某公司曾与张某签订一份保密协议,其中约定:张某在工作期间应当遵守公司制订的保密规定,如因个人原因离职,应提前 6 个月提出,公司在此期间将采取脱密措施。后来某公司发现张某经常与某业务竞争单位的同学有电话和会面联系,就提示张某应遵守保密协议的有关约定。张某对公司的说法表示不满,表示与同学只是感情联系并未泄漏公司的秘密,如不能信任,自己可以提出辞职。不久,张某即以自己受到了不公正待遇为由,向公司正式提出辞职要求。公司接到张某的辞职报告后,当即通知张某移交工作,并通知将其工作岗位调动至总务部门。张某认为公司调动岗位是变更合同的行为,因未与本人协商,所以通知变更岗位不能成立;而且,公司将自己调往并不在行的后勤部门,有打击报复的嫌疑,因此拒绝公司的工作调动。公司经多次通知张某去新岗位报到无果后,强行封存了张某原工作岗位的工作资料和办公场所。张某见公司不让自己正常上班,就向公司请假回家,到了辞职报告提出后的 30 天,张某即通知公司为其办理离职手续。公司对张某的要求未予理睬,张某便向劳动争议仲裁委员会申请仲裁,以公司未向其提供劳动条件为由,要求公司立即办理离职手续并赔偿有关经济损失。

【审理结果】

驳回张某的仲裁请求。

【案件评析】

本案争议的焦点是公司是否可以不经协商变更张某的工作岗位,张某在书面提出辞职 30 天后是否可以要求公司办理离职手续。

《劳动法》第三十一条规定:劳动者解除劳动合同,应当提前三十日以书面形式通知用人单位。《劳动合同法》第三十七条规定:劳动者提前三十日以书面形式通知用人单位,可以解除劳动合同。上述法律规定是劳动者提出解除劳动合同的一般规定;在特殊情况下,《劳动法》第三十二条还规定:劳动者可以在试用期内、单位以暴力、威胁或者非法限制人身自由的手段强迫劳动、单位未按照劳动合同约定支付劳动报酬或者提供劳动条件时随时通知用人单位解除劳动合同;虽然《劳动合同法》第三十八条第(一)项规定:未按照劳动合同约定提供劳动保护或者劳动条件的劳动者可以解除劳动合同。但《劳动法》第二十二条规定:劳动合同当事人可以在劳动合同中约定保守用人单位商业秘密的有关事项。《劳动合同法》第二十三条第一款规定:用人单位与劳动者可以在劳动合同中约定保守用人单位的商业秘密和与知识产权相关的保密事项。上述条款对当事人在劳动合同中约定保守用人单位商业秘密的事项作了授权性规定,对约定的"有关事项"赋予了法律效力;《北京市劳动合同规定》第十八条规定:用人单位在与按照岗位要求需要保守用人单位商业秘密的劳动者订立劳动合同时,可以协商约定解除劳动合同的提前通知期。提前通知期最长不得超过 6 个月,在此期间,用人单位可以采取相应的脱密措施。根据该条款,当事人可以在保密协议中对劳动者解除劳动合同提前通知期作出约定。提前通知期又被称为"脱密期",用人单位可以在该提前通知期内采取相应的脱密措施。所谓的脱密措施,就是用人单位依法针对保密要求采取的措施,以确保减少员工不再获知新的商业秘密的机会。用人单位采取的措施一般是将员工调离机密部门,对需要保密资料的给予封存和对需要的保密岗位予以变换。当然,只要不违反法律的规定,用人单位可以采取任何措施保守自己的商业秘密。

本案中,张某与某公司订有保密协议,张某因故向某公司提出辞职时,应按保密协议的约定提前 6 个月提出,公司在这 6 个月的脱密期中,可以依法采取封存资料、调动岗位等脱密措施,张某在提出辞职 30 天后就要求公司办理离职手续并赔偿损失的法律依据不足。

【建议】

《劳动合同法》第九十条规定:劳动者违反本法规定解除劳动合同,或者违反劳动合同中约定的保密义务或者竞业限制,给用人单位造成损失的,应当承担赔偿责任。对负有保密义务的劳动者在与用人单位签订保密协议后,就要严格予以履行,否则交友不慎或不经意地泄漏了公司的商业秘密,就要承担赔偿责任。对于用人单位来说,如果和劳动者没有特殊约定,脱密期员工工资不能降低。采取脱密期限措施在根本上是保护用人单位的利益,员工的换岗也不是因为其工作能力或工作表现造成的,因而员工的经济利益应受到保护。当然,如果原岗位的某些收入是直接与绩效挂钩的,那么对于这一部分的收入,合同双方可以进行特别约定。

后　　记

　　《劳动人事争议案例选编》一书的成功出版,要感谢的人很多。按照惯例,在一本书的后记中要感谢很多人,我们也不能免其俗,所以我们要感谢很多人。首先要感谢劳动争议仲裁委员会的柴黎平,杨朝,于辉,杨文才,刘晓霞,杜军,孙怀军,李建森,崔丽洁,廖志国,安然,颜文鹏。其次要感谢吕林红,马跃龙,董晓燕,沙莉,杨梅,宋吉,代蔼,杜利凤,刘森,高树枫,王美香,白春燕,俞姗姗,安改娣,米现军,刘伯阳,史策,吕博,贺欣,张晨,王玮,孟晓楠,马文婧,鲍锋等各区县仲裁员,没有他们本书也很难与大家见面。